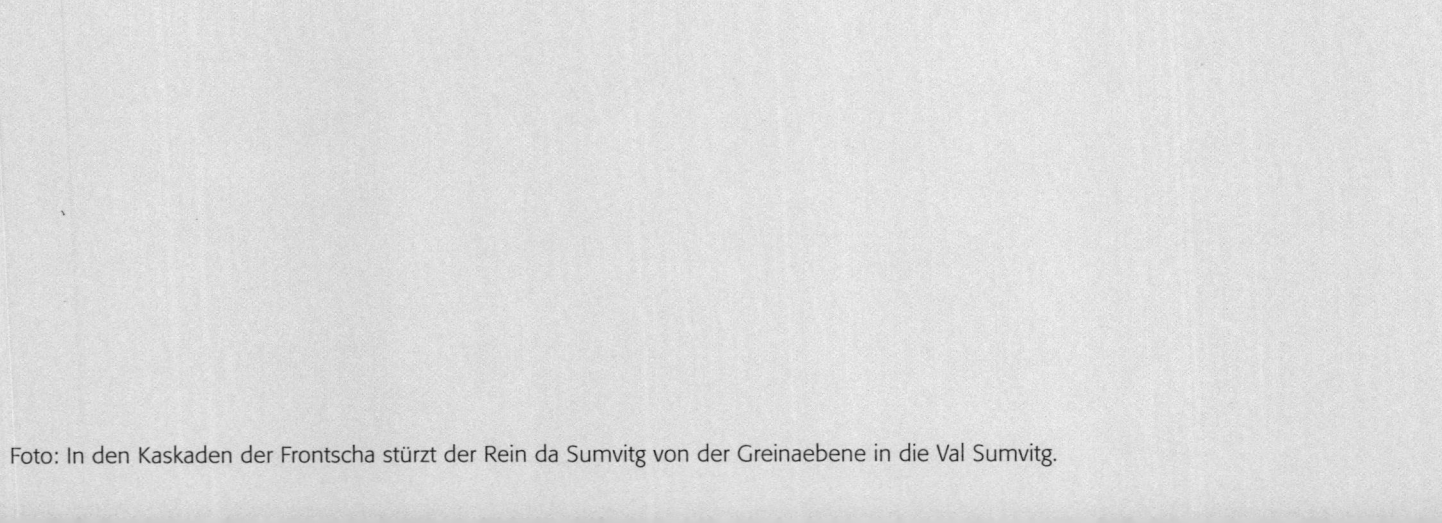

Foto: In den Kaskaden der Frontscha stürzt der Rein da Sumvitg von der Greinaebene in die Val Sumvitg.

Legende Greina

Legenda Greina   Légende Greina

Greina Legend

Legende Greina

La G

Eine Trilogie

Gesammelte Zitate prominenter Zeitzeugen, Fotografien von Herbert Maeder, Bilder und Balladen von Bryan Cyril Thurston, Karikaturen von Hans Moser

Die rechtliche Seite

Ausblick

Greina

© 2007 by Schweizerische Greina-Stiftung, www.greina-stiftung.ch

Bildrechte:
Fotografie: Herbert Maeder, CH-Rehetobel/AR
Bilder: Bryan Cyril Thurston, CH-Uerikon/ZH
Karikaturen: Hans Moser, CH-Laax/GR

Gedruckt in Chur, Südostschweiz Print AG
ISBN 978-3-905688-26-9, 978-3-905688-27-6 (Sonderausgabe)

Legende Greina – eine Trilogie

Hildegard Fässler 11

Iso Camartin 15

Regine Aeppli 23 | Ursula Brunner 59 | Martin Bundi 26 | Christian Caduff 24 | Richard Caduff 23

Iso Camaratin 55 | Sep Cathomas 49 | Eugen David 24 | Walter Deplazes 24

Christoph Eymann 31 | Jacqueline Fehr 32 | Mario Fehr 46 | Eva Feistmann 42 | Anita Fetz 59

Maya Graf 50 | Peter Jossen-Zinsstag 39 | Andrea Lanfranchi 31 | Elmar Ledergerber 50

René Longet 21 | Michele Luminati 53 | Herbert Maeder 21 | Ursula Mauch 39

Lucrezia Meier-Schatz 31 | Anne-Catherine Menétrey-Savary 38 | Gerhard Müller 32

Hans-Ulrich Müller 40 | Adolf Muschg 21 | Lili Nabholz 46 | Peter Nagler 35 | Kathy Riklin 40

Fritz Schiesser 55 | Felix Schlatter 35 | Fred Schmid 37 | Odilo Schmid 37 | Rudolf Strahm 55

Marc F. Suter 56 | Leo Tuor 32 | Peter von Matt 46 | Martin Vosseler 35 | Hans Urs Wanner 53

Luzius Wildhaber 46 | Rosmarie Zapfl-Helbling 40

Bryan Cyril Thurston 62 – 69

Hans Moser 70 – 73

Georg Müller 75 | René Rhinow 75 | Gallus Cadonau 81 | Manfred Rehbinder 81

Gallus Cadonau 108

Gesammelte Zitate ...

Von der Legende zur Vision

Auszug aus Platons Höhle

Zitate und Fotos

Bilder und Balladen

Karikaturen

Die rechtliche Seite

Ausblick

Von der Legende zur Vision

La Greina, diese faszinierende Hochebene inmitten der Schweizer Bergwelt, war einst ein Geheimtipp für naturbegeisterte Menschen. Heute ist die Greina auch der Inbegriff eines erfolgreichen Kampfes gegen die Landschaftszerstörung und für wirksame Ausgleichsleistungen zugunsten der Bergbevölkerung. Dass die Rettung dieser einzigartigen Landschaft vor der Zerstörung durch Überflutung gelungen ist, erscheint im Rückblick fast als Wunder. Der Begriff «Legende Greina» ist deshalb nicht unzutreffend. Zu diesem Erfolg haben die Mitglieder der Schweizerischen Greina-Stiftung, deren Gründung im August 1986 ein Glücksfall für Natur und Umwelt in unserem Land war, wesentlich beigetragen. Die Greina-Stiftung hat nicht nur den Schutz dieser unvergleichlichen Landschaft bewirkt, sondern auch dafür gesorgt, dass Gemeinden, die schützenswerte Landschaften von nationaler Bedeutung unter Schutz stellen – statt sie für die Wasserkraft zu nutzen – für den entfallenden Wasserzins angemessen entschädigt werden. So spielen heute Ökologie und Ökonomie erfolgreich zusammen, was die Abschlusskonferenz zum UNO-Jahr der Berge Ende Oktober 2002 in Bishkek, Kirgisien als vorbildliche Lösung lobte.

Dieses Zusammenwirken von intakter Umwelt und wirtschaftlicher Rentabilität will die Schweizerische Greina-Stiftung weiterhin fördern. Auch, um endlich verfassungskonforme angemessene Restwassermengen bei der Sanierung unserer Fliessgewässer durchzusetzen. Dies darf nicht einsei-

Hildegard Fässler
Nationalrätin und Präsidentin der
Schweizerischen Greina-Stiftung

Foto: Plaun la Greina mit dem mäandrierenden Rein da Sumvitg, gesehen vom Pass Diesrut, 2428 m.
Die Landschaft Greina–Piz Medel ist seit 1996 Teil des Bundesinventars der Landschaften und Naturdenkmäler von nationaler Bedeutung (BLN).

tig zu Lasten der betroffenen Gemeinden erfolgen, sondern muss mit einem fairen Ausgleichsmodell von den Stromerzeugern als grösste Profiteure der Wasserkraftnutzung mitfinanziert werden.

Auch nach 20 Jahren Engagement auf verschiedensten Ebenen für eine umweltverträgliche Nutzung der Wasserkraft und für die Erhaltung und Sanierung der alpinen Fliessgewässer besteht für die Schweizerische Greina-Stiftung kein Grund, sich zurückzulehnen. Sie blickt in die Zukunft, entwickelt Visionen und regt an, diese umzusetzen. Beispielsweise gilt es, die Wasserkraft als Regelenergie im 21. Jahrhundert sinnvoll einzusetzen und Konzepte für eine Vernetzung mit anderen erneuerbaren Energieformen zu entwickeln. In Deutschland, Spanien, Österreich und den skandinavischen Ländern explodiert der Bau von Wind-, Solar- und auch Biomassenenergie-Anlagen geradezu. Die Schweiz darf diese europäische Energieentwicklung nicht verschlafen und keinesfalls auf die ökologisch höchst problematische und gefährliche Atomenergie mit ihrer ungelösten Entsorgungsproblematik setzen. Mit unserer Wasserkraft haben wir sehr gute Karten, um im europäischen Stromgeschäft mitzureden. Wir haben die Chance, einen ökologischen Beitrag zu leisten und gleichzeitig einen ökonomischen Nutzen zu erzielen, ohne unsere natürlichen Fliessgewässer zu beeinträchtigen.

Ich möchte allen, die mit Wort oder Bild zum Gelingen dieses Buches beigetragen haben, ganz herzlich danken. Diese sehr persönlichen Geschenke zum 20. Geburtstag der Greina-Stiftung helfen mit, dass die Legende Greina noch lange weiterleben wird.

Grazia fetg! Grabs, im Sommer 2007

Foto: Tümpel auf Plaun la Greina, unterhalb Crap la Crusch, gesäumt von Scheuchzerschem Wollgras.

Auszug aus Platons Höhle

Unsere Welt ist so schön wie unvollkommen. Vielleicht hängt die Schönheit der Welt sogar damit zusammen, dass sie unvollkommen ist. Doch sobald wir beginnen, über unsere Lebensformen und ihre Folgen nachzudenken, entdecken wir Mängel, Widersprüche und ans Absurde grenzende Tollkühnheiten in unserem Verhalten. Wir leben gutgläubig und waghalsig in die Zukunft hinein. Im Hinblick auf den Fortbestand der Welt sind wir alles andere als sorgsam und klug. Wir vergeuden und verschleudern unsere Ressourcen. Wir leben so, als kenne die Natur keine Grenzen, als sei sie unerschöpflich. Das heisst: Wir leben über unsere Verhältnisse. Und irgendwie ahnen wir, dass unsere Unvernunft den kommenden Generationen teuer zu stehen kommen wird.

Andererseits: Wenn unser Planet nicht unendlich und nicht unerschöpflich ist, so ist es vielleicht doch unser Gehirn. Im Ausdenken von Alternativen, Verbesserungen, Anpassungen und Korrekturen scheinen wir unbegrenzt einfallsberechtigt zu sein. Unser Gehirn erkennt keine Faits accomplis und diktierte Unveränderbarkeiten an. Allenfalls als Ausgangssituation für neue Projekte. Was heute erbärmlich ist, braucht es morgen nicht auch noch zu sein. Wir sind nicht dazu da, um zum schlechten Zustand der Welt Ja und Amen zu sagen. Gegen den falschen Lauf der Welt müssen Alternativen ausgeheckt werden. Hier und heute! Sonst leben wir nicht nur über unsere Verhältnisse, sondern auch noch unter unseren Möglichkeiten. Und das ist für denkende Wesen noch die grössere Schande.

Prof. Dr. Iso Camartin
Schriftsteller, Zürich

Foto: Die Säntisthur stürzt im Chämmerlitobel hinter Unterwassser in zwei Stufen in einen Felsenkessel.

Die Folgen unseres verantwortungsblinden Drauflebens sind bekannt und tragen Namen: die globale Erwärmung, das absehbare Ende nicht erneuerbarer Energien, der Kampf um die Verteilung der Ressource Wasser. Natürlich gibt es noch weitere moderne Plagen. Der Hunger in der Welt gehört dazu und die ungerechte Verteilung der Bildungs- und Aufstiegschancen. Wir leben meistens so wie die Bewohner von Platons Höhle: gefesselt von Gegebenheiten und Gewohnheiten und mit Bildern im Kopf, als sei das Leben so unveränderbar hinzunehmen, wie es uns nun einmal erscheint. Noch leben und atmen wir ja, noch haben wir Öl zum Heizen und Benzin zum Fahren, noch scheint Wasser in Fülle aus guten Quellen zu gurgeln. Mit der individualistisch abgefederten Parole im Kopf «Après moi le déluge!» leben wir in unseren Breitengraden doch ziemlich gut! Wer muss denn gleich in noch besseren oder gar in der besten aller möglichen Welten leben!

Doch gibt es da etwas, das keine Ruhe lässt in unserem Kopf, es bohrt und sticht. Wenn wir darauf achten, verstehen wir diese innere Stimme, die sagt: Finde dich niemals ab mit dem, was da ist! Forsche nach dem Besseren! Sage niemals nie! Gib nicht auf! Suche weiter! Lass dich nicht nur tragen und treiben! Wähle ein Ziel! Dann setze die Segel und halte Kurs!

«Insolubilia» – unlösbare Probleme – gibt es nur, wenn wir sie uns als unlösbar einbilden. Der amerikanische Philosoph George Santayana soll gesagt haben: «Schwierig ist das, was sich sofort erledigen lässt; unmöglich das, was ein bisschen länger dauert.» Also machen wir uns sofort ans Schwierige. Und langfristig wollen wir uns das Unmögliche vornehmen. Der menschliche Wille, sich von Zwängen zu befreien, vermag beinah alles, wenn man diese Zwänge als Herausforderung und nicht als böses Schicksal versteht. Die besseren Lösungen darf man nicht durch

Einfallslosigkeit und Müdigkeiten verspielen. Über verregnete Nachmittage zu jammern ist nicht das Höchste, zu dem der Mensch fähig ist.

Es gibt eine bemerkenswerte Passage in Nietzsches «Die fröhliche Wissenschaft», wo er darüber nachdenkt, dass es für lebensverändernde Erkenntnisse so etwas wie enthusiastische Vorstufen gibt, gleichsam Anlaufprogramme, um zu brauchbaren Ergebnissen vorzustossen. Im Aphorismus 300 liest man: «Vorspiele der Wissenschaft. – Glaubt ihr denn, dass die Wissenschaften entstanden und gross geworden wären, wenn ihnen nicht die Zauberer, Alchymisten, Astrologen und Hexen vorangelaufen wären als Die, welche mit ihren Verheissungen und Vorspiegelungen erst Durst, Hunger und Wohlgeschmack an verborgenen und verbotenen Mächten schaffen mussten? Ja, dass unendlich mehr hat verheissen werden müssen, als je erfüllt werden kann, damit überhaupt Etwas im Reiche der Erkenntnis sich erfülle?»

Wir haben eine seltsame Neigung, Verkünder des Neuen als Phantasten, Träumer, Illusionisten und weltfremde Idealisten zu bezeichnen. Und klopfen ihnen mitleidig auf die Schulter mit dem Ratschlag: «Wer Visionen hat, muss zum Doktor!» Doch was sagt uns Nietzsche? Um Geschmack zu finden an dem, was morgen möglich sein soll, braucht es kühnere Rechner als die Buchhalter des Gegebenen es je sein können. Es braucht Leute, die nicht nur die alten Spiele spielen wollen, mit schon bekannten Gewinnern und bekannten Verlierern. Die Karten sollen neu gemischt werden. Ja es sollen sogar neue Spiele gespielt werden, solche, für welche die Karten erst zu erfinden sind. Um der alten Kurzsichtigkeit, Ungerechtigkeit und Dummheit, die sich etabliert haben, den Kampf anzusagen, dazu braucht es manchmal die Träumer und Hexenmeister, die Prophetinnen und Visionäre. Wir wollen sie uns nicht verbissen und berserkerisch denken, nicht weltfremd und gewalttätig, sondern klug und listig, mutig und berstend vor guten Einfällen. Sie sollen uns jene Spiele erfinden, bei denen alle Mitspieler am Ende gewinnen. Spiele ohne Betrogene und Düpierte, ohne Zukurzgekommene und Enttäuschte. Warum soll dies nicht möglich sein, solang wir uns nicht mit den Schadensmeldungen abfinden?

Fast immer ist der erste Schritt noch nicht die Lösung, doch er ist die Voraussetzung für etwas, das sich erst allmählich abzeichnet. Von Terry Pratchett, dem Verfasser der Scheibenwelt-Romane, gibt es den herrlichen Spruch: «Am Anfang war nichts. Da sprach Gott: Es werde Licht. Da war immer noch nichts. Aber jetzt konnte man es sehen.» In der Tat: Man muss das Nichts zuerst sehen, um die Notwendigkeit zu begreifen, die Nichtslücke durch etwas zu füllen, das besser ist als nichts. Dieses Etwas kann ein Nützliches, uns Weiterbringendes sein. Zum Beispiel etwas, das in naher Zukunft weltweit sauberes Wasser schaffen würde, reine Luft und ausreichend Nahrungsmittel und Energie, um die Grundbedürfnisse aller zu decken.

In Europa leben wir in einer Welt mit Zugangsprivilegien zu beinah jeder Art von materiellem Reichtum. Damit decken wir nicht nur unsere Grundbedürfnisse, sondern leisten uns den Luxus und den Überfluss, der anscheinend zu einem guten Leben gehört. Wir sind Weltmeister in der Rechtfertigung unserer Lebensformen und geben sogar zu, dass wir bei genauer Analyse auf Kosten anderer leben. Der Verteilungskampf läuft vorläufig noch zu unseren Gunsten. Wir brauchen uns deswegen nicht ins Büsserhemd zu werfen. Doch dies als ererbtes Vorrecht westlicher Zivilisation anschauen, können wir auch nicht. Dass es uns gut geht in der global vernetzten Welt, darf nicht dazu führen, dass wir die Fehler im System übersehen. Im Kopf soll es unaufhörlich ticken: «O Mensch, gib acht!» Was heute gut scheint, ist es morgen vielleicht längst nicht mehr. Sei nicht denkfaul und korrigiere den Kurs, wenn das Verhängnis erkennbar wird. Wage den Sprung über das Bewährte hinaus. Packe zu, wo du eine Möglichkeit siehst!

Die Greina-Stiftung praktiziert seit Jahren die Kunst, konstruktiv Fehlentwicklungen zu analysieren und bessere Lösungen in vitalen Lebensbereichen wie Energieversorgung sowie Landschafts- und Gewässerschutz vorzuschlagen. Sie hat dieses Ziel konsequent verfolgt im Ausgang von den politischen und gesellschaftlichen Gegebenheiten der Schweiz und Europas. Sie hat immer zugepackt, wo eine Möglichkeit sich bot. Man kann nur wünschen, dass sie dies in Zukunft mit ebensolcher Kraft, List und Intelligenz tun wird.

20 Jahre Schweizerische Greina-Stiftung, SGS

Wer gibt denn überhaupt das Recht, die Umwelt zu verschmutzen?

Prof. Dr. iur. Dres. h.c. Luzius Wildhaber
e. Präsident Europäischer Gerichtshof,
Oberwil/BL

La Greina, die wilde Flusslandschaft zwischen Sumvitg und Blenio, ist heute Teil des BLN-Inventars und für kommende Generationen erhalten. Der Schutz der Greina-Landschaft ist das Ergebnis eines vieljährigen Kampfes um Ausgleichszahlungen, mit welchen die Bergbevölkerung ein bescheidenes Entgelt für den Verzicht auf die Nutzung der Wasserkraft erhält. Diese «neue Dimension im Umweltschutz» (NZZ) zieht weitere Kreise und ist ein Meilenstein in der Geschichte der Naturschutzbewegung.

Herbert Maeder
e. Nationalrat, e. Präsident SGS,
Rehetobel/AR

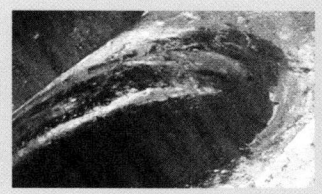

L'eau c'est la vie. Grâce aux lois sur les débits minimum, aux travaux de renaturation des cours d'eau et aux améliorations de rendement des centrales hydroélectriques il est possible d'avoir à la fois une production appréciable d'électricité renouvelable et des cours d'eau naturels. Pour que le possible devienne réalité durable, il faut l'engagement de nous tous.

René Longet
a. conseil national,
président d'equiterre,
Genève

Foto: Das Gletschertor des Paradiesgletschers auf der Ostseite des Rheinwaldhorns ist die wichtigste aller Quellen des Hinterrheins.

Die Arbeit der Schweizerischen Greina-Stiftung zugunsten von Alpinen Fliessgewässern ist heute aktueller denn je. In den letzten Jahren ist im Zuge der internationalen Strommarktliberalisierung der Druck auf die Fliessgewässer weiter gestiegen. Wenn wir die alpinen Flusslandschaften unseren Nachkommen als unersetzlichen und einzigartigen Lebensraum erhalten wollen, müssen wir dafür sorgen, dass Wasserkraft auch in Zukunft ein ökologischer Energieträger bleibt. Ohne frei fliessendes Wasser, das sich glitzernd und gurgelnd seinen Weg durch die Felsen sucht, fehlt den Alpen die Lebensader.

Regine Aeppli
Regierungsrätin, Zürich

A caschun dil 20avel natalezi dalla Fundaziun svizra dalla Greina pren jeu bugen la caschun da gratular da cor e giavischar vinavon bien success. Grazia al sustegn da Vossa fundaziun eis ei stau pusseivel da metter la pli biala val en nossa vischnaunca, la Val Frisal, sut schurmetg. Secapescha ei la contribuziun finanziala annuala ina beinvegnida entrada per nossa vischnaunca. Per Vies engaschi en favur dalla natira e Vies sustegn engraziel jeu cordialmein.

Richard Caduff
Gemeindepräsident, Brigels/GR

Foto: Die Val Frisal, das Quellgebiet des Flem, eine der unter Schutz gestellten Landschaften

Christian Caduff
lic. iur. & dipl. Arch. FH/Executive MBA, Fehraltorf/ZH, Trun/GR

Walter Deplazes
Gemeindepräsident, Sumvitg/GR

Dr. Eugen David
Ständerat, St. Gallen

Als Gründungsmitglied und Vizepräsident der Vereinigung Pro Rein Anteriur bin ich froh, dass sich die Schweizerische Greina-Stiftung erfolgreich für angemessene Restwassermengen sowie für die umweltverträgliche Sanierung von bestehenden Wasserkraftwerken einsetzt. Aufgrund der Erfahrungen mit dem Bau der Wasserkraftwerke Ilanz I und II konnte die SGS in einem ersten Schritt den umfassenden Schutz der Greina-Hochgebirgslandschaft sicherstellen und für die betroffenen Gemeinden eine angemessene Abgeltung erreichen. Zu unseren schönen und einmaligen Landschaften und Flüssen mit einer reichen Tier- und Pflanzenwelt müssen wir auch für künftige Generationen Sorge tragen.

Fundaziun svizra dalla Greina – ina historia da success – 20 onns intercessura fetg engaschada e perschuadenta en favur d'ina natira intacta e per in diever dureivel da quella entras il carstgaun dad oz per las generaziuns da damaun.

Natürliche Flusslandschaften sind ein wertvolles Erbe, das jede Generation ohne Schaden weitergeben muss.

Foto: An der Rèche im Wallis weiden Ehringerkühe. Eine üppige Vegetation zeichnet das Val de Réchy aus. Es ist eines der wenigen linksseitigen Seitentäler der Rhone, das noch von der Elektrowirtschaft und vom Massentourismus verschont geblieben ist. Das Val de Réchy kann heute dank dem revidierten Gewässerschutzgesetz als geschützt betrachtet werden.

Dr. phil. Martin Bundi
e. Nationalrat, Chur/GR

Schutz der alpinen Fliessgewässer heute

Die Bemühungen der Schweizerischen Greina-Stiftung um die Erhaltung der alpinen Fliessgewässer haben in den vergangenen zwanzig Jahren reichlich Früchte getragen. Manche ihrer Projekte oder Stellungnahmen, die in der Anfangsphase häufig massiv bekämpft wurden, sind nun längst anerkanntes Gemeingut geworden. Es sind unterdessen aber auch neue Probleme aufgetaucht, die dringend der Beachtung, Untersuchung und Zuwendung bedürfen. Auf zwei davon möchte ich nachfolgend im Rahmen des Schutzes alpiner Fliessgewässer besonders hinweisen.

Der bauliche (technische) Gewässerschutz hat in der Schweiz grosse Fortschritte gemacht. In mehreren Kantonen wurde das Programm der flächendeckenden Abwasserreinigungsanlagen (ARA) mehr oder weniger abgeschlossen. Auch konnte der Wasserreinigungsprozess ständig verbessert werden. Dennoch gelang es nicht oder nur teilweise, das Abwasser in der dritten Aufbereitungsstufe, der chemisch-biologischen, gänzlich zu reinigen. Zudem gelangen heute grössere Quantitäten von chemischen Abfallprodukten in die Abwasserreinigungsanlagen und damit auch grössere Volumina von nicht ausgefilterten Giftstoffen in die Fliessgewässer. Im Vorderrhein gibt es in letzter Zeit immer weniger Fische. Dieses Faktum bereitet den Fischern grosse Sorgen. Manche von ihnen haben begonnen, ihr Hobby in entlegeneren Gebieten auszuüben. Über die Ursachen der Fischarmut im Alpenrhein gehen die Meinungen auseinander: Ist daran in erster Linie, wie häufig angenommen wird, das periodische Entleeren von Staubecken mit dem grossen Wasserschwall schuld? Oder sind es Giftstoffe aus Kläranlagen? Oder ist es das allzu stark gereinigte Wasser entsprechend der jüngsten These beim Brienzersee? Die von den Fischereiorganisationen und dem Naturschutz eingereichte Volksinitiative wird die Diskussion über solche Fragen wohl in Gang halten und möglicherweise am Schluss auch einen Erfolg verbuchen können. In erster Linie ist aber die Wissenschaft aufgerufen, in diesen Fragen Klarheit zu verschaffen.

Eine andere Erscheinung betrifft die Störung von unterirdischen Wasserläufen durch den Vortrieb von Stollen und Tunnels für die Elektrizitätswirtschaft oder für Umfahrungsstrassen in empfindliche Erdschichten. Als Beispiel soll hier das Gebiet des prähistorischen Bergsturzes von Flims erwähnt werden. Dieser hatte einst den «Grossen Flimserwald» und damit die Barriere ins Bündner Oberland geschaffen. In der zerklüfteten Bergsturzbreccie finden sich unzählige unterirdische Wasserläufe, welche zum Teil in tiefergelegenen Räumen an der Oberfläche Quellen und Seelein speisen. Ein Teil dieses Systems ist nun beim Tunnelbau der Umfahrung Flims empfindlich gestört worden, indem grössere Wassermengen angezapft wurden, die jetzt einfach zum Tunnelausgang abgeleitet werden. Auch hier herrscht ein Streit unter Wissenschaftern bzw. Bürgern. Es ist die Frage, inwieweit dieser Wasserverlust die Wasserquantität mehrerer Seen beeinträchtigt habe. Tatsache ist, dass seit diesen Eingriffen sowohl der Wasserstand des Lag Tiert auf Laaxer Gebiet als auch des Lag la Cauma in Flims beträchtlich zurückgegangen ist. Rekompensationsmassnahmen stehen zur Diskussion. Im Falle des Lag Tiert handelt es sich um einen Verlust an Wasser für ein von den beiden Gemeinden Laax und Sagogn konzessioniertes Wasserkraftwerk, im Falle des Lag la Cauma um den Attraktivitätsverlust eines der schönsten Seen des Alpengebietes. Was auffällt, ist die Tatsache, dass die Benachteiligten oder die sich wehrenden Bürgergruppen einen schweren Stand haben, sich für ihre Güter zu wehren. Sie verlangen, dort wo es möglich ist, die Wiederzufuhr des Wassers; oder sie pochen mindestens auf den Ersatz für den wirtschaftlichen Minderertrag wegen des Verlusts an Wasser. Sie sitzen aber meistens am kürzeren Hebelarm, weil die Gegenseite in der Regel über die besseren Anwälte verfügt. Es wäre ein wünschenswertes Anliegen, dass sich die Schweizerische Greina-Stiftung zur Erhaltung der alpinen Fliessgewässer solchen neuen Aufgaben, wie die oben beschriebenen beiden Erscheinungen mit sich bringen, widmen würde. Einerseits gälte es, rechtzeitig und präventiv zu intervenieren, um den Schadenfall nicht erst eintreten zu lassen oder um ihn soweit als möglich zu minimieren; anderseits könnte sie als Anwältin der Natur auch ihre Dienste und ihren rechtlichen Beistand denjenigen leihen, die für die intakten alpinen Fliessgewässer kämpfen. In diesem Sinne wäre eine vertiefte Diskussion im Stiftungsrat über die Festlegung von Prioritäten der Stiftungsarbeit der nächsten Jahre begrüssenswert.

Foto: Das Urbachwasser unterhalb des Gauligletschers. Das Urbachtal, ein Seitental des Haslitals, ist ein raues, von Gletschergipfeln gesäumtes Tal. Gemäss einem ursprünglich geplanten Ausbau der Grimselwerke wäre auch das Urbachwasser angezapft worden.

Il pianoro dell'Alp Palü sotto l'omonimo ghiacciaio si può ammirare in tutta la sua bellezza. E' stato salvato anche grazie alla Fondazione Svizzera della Greina (FSG). Il gruppo locale Pro Bernina Palü con l'aiuto della FSG poté agire con tempestività ed efficacia ed impedire la costruzione di una diga che avrebbe deturpato la zona. Chi l'avrebbe mai pensato: adesso la società idroelettrica Rätia Energie raccoglie gli elogi di noi tutti per la rinaturalizzazione di vari corsi d'acqua – e vende elettricità «verde» tramite il marchio di qualità naturemade star!

Auf der Suche nach Entspannung kommt mir die Schönheit der Bergwelt entgegen. Die Unberührtheit der Natur, die Stille – durchbrochen durch die Klangwelt der Tiere, den rauschenden Bergbach – vermitteln innere Ruhe und Inspiration. Dankbar begegne ich dieser noch intakten Bergwelt.

Die Schweizerische Greina-Stiftung leistet wesentliche Beiträge zum Erhalt alpiner Fliessgewässer und zur Steigerung der Sensibilisierung breiter Bevölkerungskreise für schonenden Umgang mit Wasser. Anfangs belächelt, später bekämpft und heute hervorragend wahrgenommen, verfügt die Greina-Stiftung über einen hohen Wirkungsgrad. Für die nächsten zwanzig Jahre alles Gute, Standhaftigkeit und Gedanken so klar wie die alpinen Fliessgewässer!

Foto: Curciusa Alta mit dem Piz Bianch, 3037 m. Das Val Curciusa, eines der wenigen von Verkehr und Technik unberührten Täler des Rheinwalds, sollte mit einem Pumpspeicherwerk genutzt werden. Die verschärften Restwasserbestimmungen im revidierten Gewässerschutzgesetz verhinderten dies.

Prof. Dr. Andrea Lanfranchi
Meilen/ZH, Poschiavo/GR

Dr. Lucrezia Meier-Schatz
Nationalrätin, St. Peterzell/SG

Dr. Christoph Eymann
Regierungsrat,
Vorsteher Erziehungsdepartement, Basel-Stadt

Leo Tuor
Schriftsteller, Rabius/GR

Jacqueline Fehr
Nationalrätin, Winterthur/ZH

Geri Müller
Nationalrat, Baden/AG

20 Jahre gegen den Strom für die Gewässer und Flusslandschaften. Herzlichen Dank für diesen unermüdlichen Einsatz! Das Verschwinden ganzer Gletscher vor unseren Augen in den letzten Dezennien zeigt, wie wichtig es ist, dass es die Greina-Stiftung gibt, eine Stiftung, die fähig ist, Umweltschutzpolitik auch aus der Sicht des alpinen Menschen zu machen. So beurteilte sie das Jagdverbot des Bundes in der Greina als unverhältnismässig und dumm (Geschäftsbericht 2004, S. 8). Der Charakter der Greina wurde in den Jahrhunderten durch Jäger und Hirten geprägt. Dass der Tourismus ihn zerstören wird, ist absehbar. Danke also, auch für den Einsatz aus der Perspektive der Menschen, die mit den Bergen leben, ohne sie mit Skistöcken und Kanonen zu bezwingen.

Tragen wir Sorge zu unserer Umwelt! Wir sind auf sie angewiesen.

20 Jahre gemeinsame Arbeit für eine nachhaltige Entwicklung in der Landschaft auf Kosten einer kurzfristigen Gewinnmaximierung. Die künftigen Generationen werden es uns danken.

Foto: Kreuz am Passo della Greina, 2357 m. Der Greinapass ist sowohl Wetterscheide (Alpennord- und Alpensüdseite) als auch Sprachscheide (Rätoromanisch und Italienisch).

Donauauen Hainburg, «No Dam» Tasmanien, AKW Kaiseraugst, Rawiltunnel, Greina – Stichworte für kleine Wunder, die dank Mut und Beharrlichkeit vieler herzhafter Menschen möglich wurden. Wird die Erde für uns bewohnbar bleiben? Ein grosses Wunder muss geschehen. Die erwähnten kleinen sind Verheissung für dieses grosse Wunder. Sie machen uns Mut, es mit Begeisterung, Zuversicht und langem Atem vorzubereiten.

Dr. med. Martin Vosseler
Elm/GL – Basel-Stadt

Die Rohstoffe für eine nachhaltige touristische Entwicklung in unserem Alpenraum heissen reine Luft, lebendige Fliessgewässer, Gletscher, unberührte Landschaften und geschützte Ortsbilder.
Die Ziele der Greina-Stiftung decken sich also mit denjenigen der Touristiker und Hoteliers. Vor allem aber profitiert der Gast und Erholungssuchende von den Aktivitäten der Stiftung, deren Einsatz höchste Anerkennung verdient.

Felix Schlatter
Hotelier, St. Moritz/GR

Schade, dass die Greina-Stiftung nicht schon vor 100 Jahren gegründet wurde: gravierende Sündenfälle an der Natur wären verhindert worden. In vielen alpinen Fliessgewässern würde – statt kümmerlichen Rinnsalen – klares Wasser fliessen, Flusslandschaften würden leben, sie wären keine Steinwüsten.

Peter Nagler
Kaufmann, Zumikon/ZH

Foto: Im Lai da Tuma, 2345 m, über dem Oberalppass, kräuselt sich das klare Bergwasser, bevor es zwischen den Felsen verschwindet und wenige Meter weiter unten als Rein Anteriur wieder erscheint. Das Quellgebiet des Vorderrheins ist seit 1977 Teil des BLN-Inventars.

«Seele des Menschen, wie gleichst du dem Wasser», verkündet der Dichter, und wir nicken und denken, das habe er schön gesagt. Aber sollten wir sein Gleichnis nicht wörtlicher nehmen und uns vor Augen halten, welch' seelische Verkümmerung es bedeuten würde, wenn der letzte Wasserfall in unserem Land verschwunden, die letzte Flussstrecke begradigt und das letzte Seeufer mit Bauten überstellt wäre?

Äusserer und innerer Erlebnisraum sind nicht streng voneinander getrennt, sondern durchdringen sich gegenseitig. Was wir tun, um die uns umgebende Natur zu pflegen, tun wir uns selber zuliebe, und wenn wir sie schlecht behandeln, schädigen wir uns selbst.

Après nous le déluge – nach uns die Sintflut?
Nein, eben nicht! Auch kommende Generationen haben das Recht, atemberaubend schöne Gewässer zu erleben, so wie sie Herbert Maeder in seiner unvergleichlichen Art eingefangen hat!

Es gibt keine Energieprobleme, nur problematische Experten und Politiker...

Dr. phil. Fred W. Schmid
Küsnacht/ZH

Odilo Schmid
e. Nationalrat, Brig/VS

Gallus Gadonau
Geschäftsführer SGS

Foto: Das Rheinwaldhorn, 3402 m, der Quellberg des Hinterrheins, erscheint von Norden als ebenmässiger Firnspitz. Ein bogenförmiger Bergschrund markiert den Beginn des Läntagletschers.

Anne-Catherine Menétrey-Savary
Nationalrätin, St-Saphorin/VD

Quelques lignes sur les fleuves …

J'habite au bord d'un fleuve qui s'est étalé en lac, comme une excroissance, comme un serpent qui aurait avalé un rat et qui se tortille pour faire passer sa proie le long de l'œsophage. C'est très beau, le lac, mais cela ne ressemble plus à un fleuve: autre force, autre mouvement, autre couleur, autre encadrement.

Alors parfois, je remonte un peu le Rhône, le regard fixé sur les Alpes valaisannes où il prend sa source, histoire de me remémorer son berceau, le glacier, d'où l'eau surgit fraîche et joyeuse, encore insouciante. Dans la plaine, le fleuve se fait puissant, si fermement contenu par ses rives, si étroitement surveillé par les Dents du midi et les Alpes vaudoises qui le dominent qu'il semble se hâter de passer sa route, massif et déterminé. Ce qui me plaît, c'est le mouvement de l'eau, son sens. Le lac s'agite de tous côtés, au gré des vents, tantôt violent, tantôt statique, alors que le fleuve a une direction. Il va là où il va, suivant sa pente. J'aime aussi sa couleur bleu-gris sans reflet, les tourbillons qui parfois l'animent, comme une colère rentrée, imprévisible. Contrairement au lac, le fleuve fait silence. Il n'y a que les torrents déboulant des montagnes, mais qui se sont pourtant déjà bien assagis en abordant la plaine, qui font chanter leur eau un peu fofolle quand elle se jette dans le fleuve.

De sa source à son embouchure, le fleuve a une identité durable. Il porte un nom; il a creusé son lit, entamé les rochers, configuré les vallées, accomplissant durant des millénaires une œuvre titanesque. Et pourtant ce qui fait sa substance même, l'eau, ne fait que fuir, jamais la même, toujours éphémère. C'est l'image même de la vie et de ce pays, solide, et pourtant insaisissable et fragile …

Ici, dans la plaine, les fleuves semblent sûrs de leur bon droit d'être des fleuves, que rien n'arrêtera plus, après avoir échappé aux incertitudes de la montagne. Plus haut, sautant de pierre en pierre, dérupitant avec impétuosité les flancs des montagnes, l'eau aura pu faire un séjour dans un lac de barrage et se faire attraper dans une turbine de l'usine électrique. Elle s'en est sortie et la voilà, eau résiduelle, encore vivante, encore précieuse! L'eau est une richesse irremplaçable. Merci à ces massifs montagneux qui lui permettent de s'échapper jusqu'à nous, merci à tous ceux qui s'emploient à la protéger.

Bewegung, Gesundheit und Natur sind ein herrlicher Dreiklang. Wandern in den Alpen – etwa auf der «Tour du Cervin» im Wallis – tut einfach gut.

Peter Jossen-Zinsstag
e. Nationalrat, Präsident der Schweizer Wanderwege (SAW), Leuk/VS

Mit der Revision des Gewässerschutzgesetzes 1991 wurde der quantitative Gewässerschutz durch die Vorschrift für Restwassermengen in Fliessgewässern endlich erstmals gesetzlich verankert. Allerdings wurde eine Sanierungsfrist von höchstens 15 Jahren (!) festgelegt. Können wir uns also freuen, dass ab 2006 in allen Fliessgewässern die vorgeschriebenen Restwassermengen eingehalten werden, oder etwa nicht? Ich befürchte, die Greina-Stiftung ist weiterhin dringend nötig.

Ursula Mauch
e. Nationalrätin, Oberlunkhofen/AG

Dr. iur. Hans-Ulrich Müller
Hofstetten/SO

Fliessgewässer sind die prägenden belebten Elemente unserer Landschaften. Darüber hinaus bilden sie wichtige Indikatoren für die ökologische Qualität. Jeder dieser Faktoren allein würde unseren Einsatz zugunsten vitaler Wasserläufe rechtfertigen. Beide zusammen machen den Schutz der alpinen Fliessgewässer und Flusslandschaften zu einem tragenden Pfeiler der Erhaltung unserer Umwelt. Bleiben wird dran; es gibt noch viel zu tun.

Rosmarie Zapfl-Helbling
Nationalrätin, Dübendorf/ZH

Wenn wir die Schaffung eines Alpinen Flussparks erreichen, so können wir späteren Generationen ein fantastisches Erbe hinterlassen.

Dr. Kathy Riklin
Nationalrätin, Zürich

Ungezähmte Flüsse und Bäche und wilde Flusslandschaften sind für uns Menschen wie Balsam für die Sinne und Seele. Mein Dank geht an die SGS, die hilft, dass diese natürlichen Reichtümer erhalten bleiben.

Foto: Im Bachsee, 2265 m, ob Grindelwald, spiegeln sich im Morgenlicht die Gipfel von Lauteraarhorn, Schreckhorn, Finsteraarhorn, Gross Wannerhorn und Gross Fiescherhorn. Auch wenn die Gletscher schneller schmelzen, als uns lieb ist, so ist die Berner Hochalpenwelt immer noch ein guter Teil des Wasserschlosses Europas.

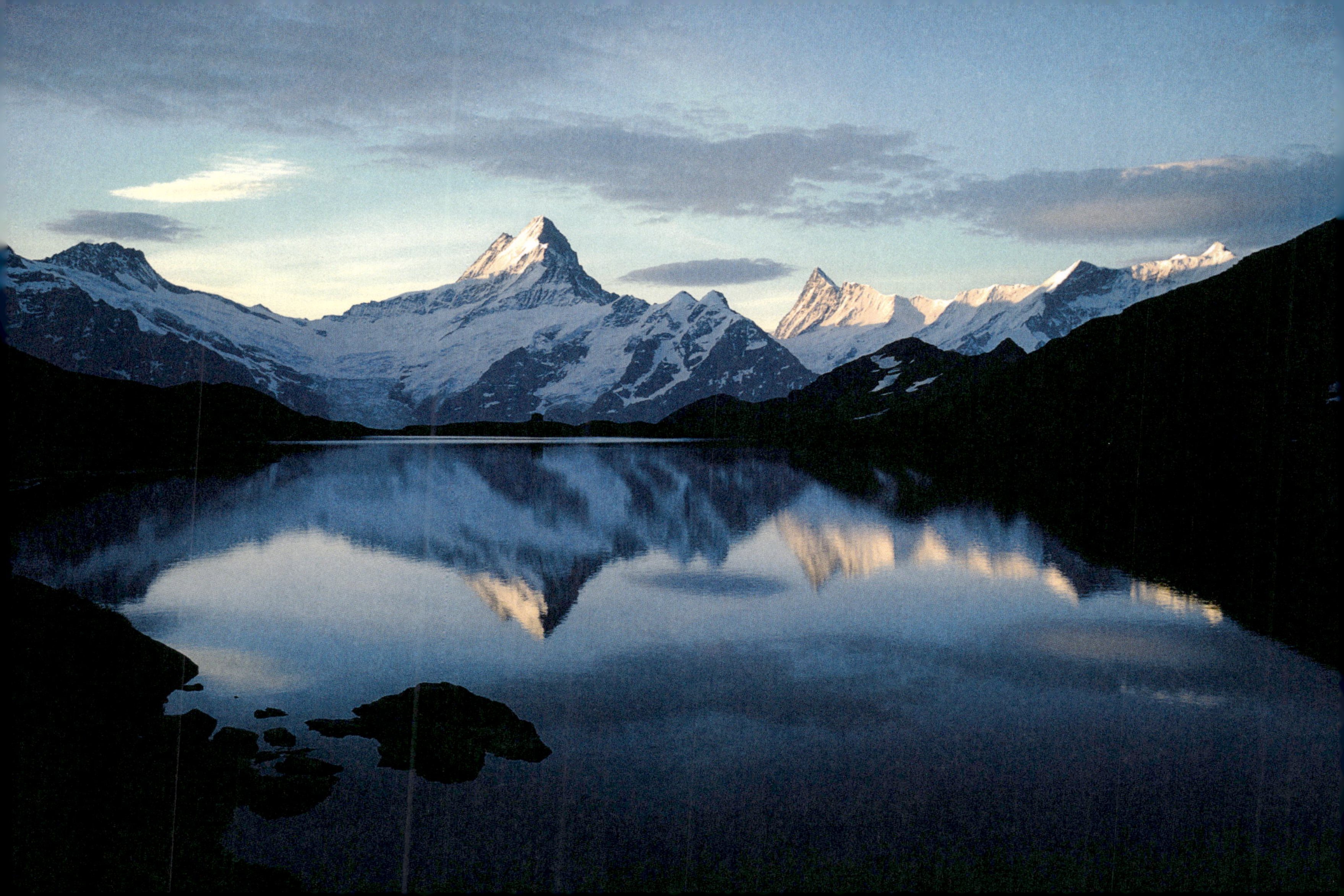

Eva Feistmann
Deputata al Gran Consiglio,
Locarno/TI

Due pesi e due misure ... e così sia!

Pubblicato GdP 19.5.2006, Rubrica contrappunti

La competenza conferita alle associazioni attive sul territorio nazionale da oltre dieci anni a impugnare progetti edilizi e infrastrutturali che violano la legislazione in materia di tutela della natura e dell'ambiente, è oggetto dell'iniziativa popolare depositata in questi giorni dal PLR, munita di «una marea di firme contro gli ambientalisti». La concessione del diritto di ricorso s'inquadrava in una strategia volta ad assicurare equità di trattamento e sicurezza giuridica nell'applicazione della legislazione.

Quale pretesto alla richiesta di una drastica limitazione di questa facoltà vengono invocati due casi recenti che a torto o a ragione hanno lungamente occupato media e opinione pubblica: lo stadio di calcio dell'Hardturm a Zurigo, con annesso megacentro commerciale, da una parte, e il progetto di insediamento di un'impresa multinazionale biotecnologica su un terreno agricolo, in parte umido, a Galmiz FR, dall'altra. Su quest'ultimo caso, osteggiato da cittadini e enti per la difesa del territorio per ovvi motivi di incompatibilità della destinazione, è poi subito sceso un imbarazzato silenzio quando l'industria interessata ha dato la preferenza a un'ubicazione in Scozia, dove la mano d'opera costa la metà! Per quanto concerne il progetto calcistico, è vero che il credito per l'impianto sportivo era stato approvato in votazione popolare, ma pare improbabile che i cittadini fossero stati compiutamente informati sull'impatto ambientale del centro commerciale-alberghiero annesso con le sue varie centinaia di posteggi supplementari e relativi movimenti inquinanti in un quartiere urbano già esposto a notevole stress ambientale.

E' noto, – e i settori economici decisi a sbarazzarsi di uno scomodo ostacolo alla loro intraprendenza non lo ignorano –, che le associazioni ambientaliste, costrette ad autofinanziarsi, si muovono solo in presenza di manifeste trasgressioni delle leggi sulla pianificazione del territorio, sulla protezione dell'ambiente o sulla protezione della natura, consapevoli che in caso di rigetto dei ricorsi le spese legali e giudiziarie ricadono su di loro. Prova ne è il fatto che la stragrande maggioranza delle loro azioni sono coronate da successo.

Tarpando le ali agli ecologisti si mira quindi esclusivamente ad aggirare più agevolmente le disposizioni di legge che regolano gli interventi sul territorio (approvate peraltro da tutte le istanze politiche), senza doverne chiedere apertamente l'abrogazione. Peccato che un politico avveduto e giurista di professione del livello di Fulvio Pelli si sia prestato a questa ambigua manovra, che rischia di minare ancora più la sicurezza giuridica e la fiducia nelle istituzioni. Per di più in contrasto con il legalismo rigido tornato comodo al suo partito per «invalidare» il referendum contro l'avventura Metanord!

E' fuori questione che i privati, il cui diritto di ricorso non si estende a motivazioni ideali ed è inoltre limitato ai proprietari confinanti – possano sostituirsi alle associazioni e assumersi la fatica di tutelare i diritti della collettività quando la controparte è rappresentata da potenti gruppi finanziari.

Mettendo fuori gioco le associazioni di tutela dell'ambiente, si spalancano porte e finestre a interventi contrari ai regolamenti. L'esperienza insegna che con argomentazioni demagogiche su presunti vantaggi finanziari, è facile ottenere maggioranze nei legislativi comunali e cantonali a favore di «deroghe» alle leggi vigenti, soprattutto quando i progetti all'esame toccano i «vitelli d'oro» della civiltà consumistica: calcio e traffico stradale. A questo punto, l'obiettivo dello sviluppo sostenibile spesso e volentieri sbandierato anche dai governanti, scadrà definitivamente a slogan vuoto e l'erosione del suolo – che è bene pubblico limitato e non rinnovabile – proseguirà irrefrenato, sacrificato a un'effimera crescita del PIL, ma non del benessere generale.

Foto: Die Gletscher des Weissmies und des Lagginhorns entlassen ihr Wasser ins Laggintal, das 1977 Teil des BLN-Inventars geworden ist. Bäche wie Tälliwasser und Schräbach vereinigen sich zur Laggina. Die Gemeinden Gondo und Simplon Dorf profitieren vom revidierten Gewässerschutzgesetz und erhalten für ihren Verzicht auf die Nutzung der Wasserkraft Ausgleichsleistungen.

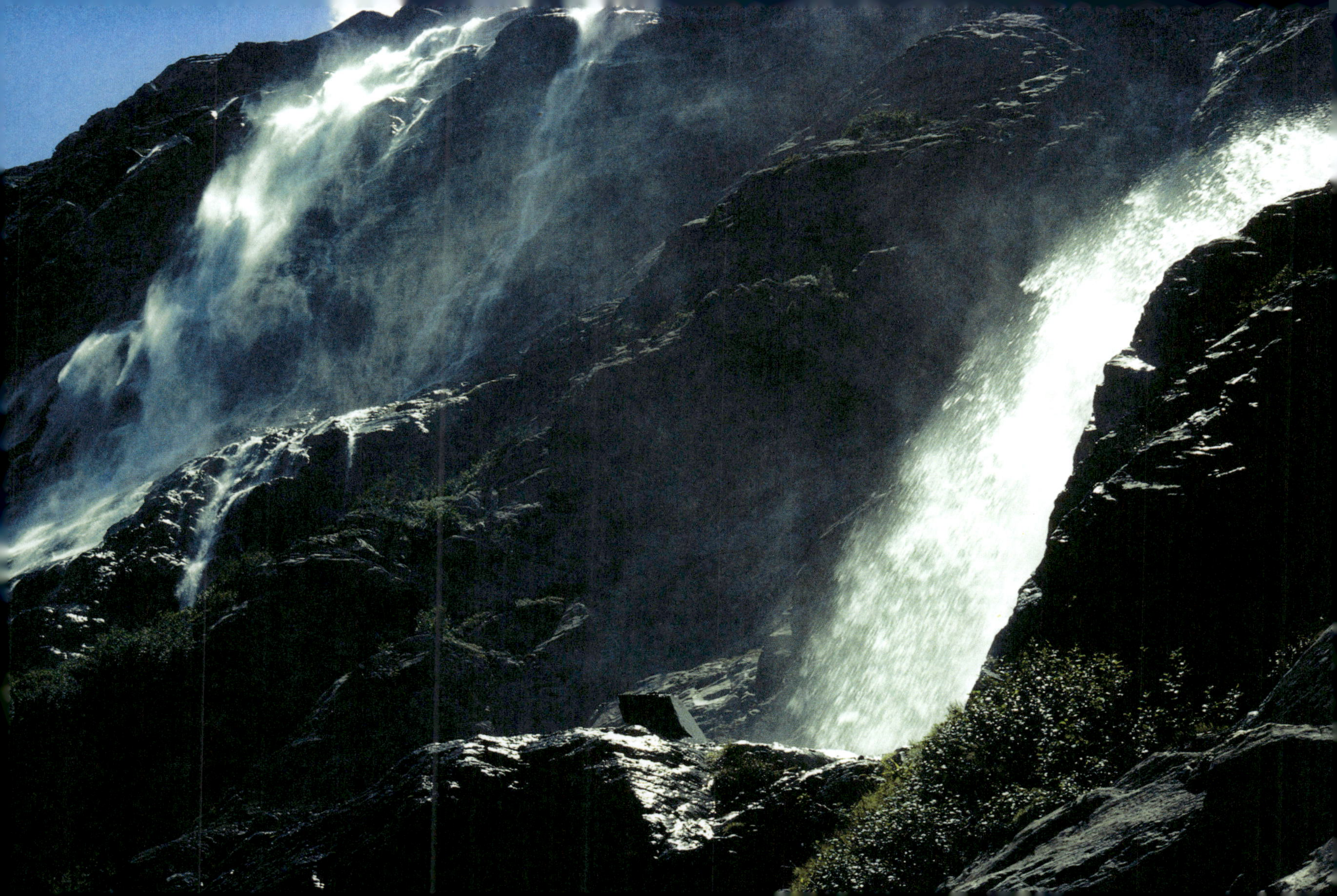

Prof. Dr. Peter von Matt
Schriftsteller, Dübendorf/ZH

In der Schweiz trifft man da und dort auf den Flurnamen Ursprung. Er bezeichnet stets den Ort einer Quelle. Die Sprache verknüpft also mit der Herkunft des Wassers den Anfang aller Dinge. Berühren uns die rieselnden, gleitenden, stürzenden Bergbäche deshalb so tief, weil wir an ihnen unbewusst erleben, was Ursprung heisst?

Dr. iur. Lili Nabholz
e. Nationalrätin, Zürich

Wenn eine Generation bereit ist, nur um des kurzfristigen Profites willen zu zerstören, was in Jahrtausenden gewachsen ist, dann hat sie nicht begriffen, welcher Schätze sie sich und die kommenden Generationen beraubt.

Mario Fehr
Nationalrat, Adliswil/ZH

Die Greina-Hochebene zu durchwandern ist überwältigend. Dank der Greina-Stiftung konnten diese und viele andere wunderbare Landschaften in unserem Land erhalten werden.

Prof. Dr. Adolf Muschg
Schriftsteller
Männedorf/ZH

Es geht um eine ursprüngliche Berglandschaft – und es geht um eine Haltung, die das ganze Leben meint. Sie zeigt sich im Umgang mit seinen Grundlagen. Raum und Zeit sind kostbar, weil begrenzt; unsere Existenz ist es auch, darum darf es unsere Vorstellungskraft nicht sein. Was wir nur geliehen haben, gilt es, an künftige Generationen unverdorben, ungeplündert weiterzugeben.

Foto: Der Hinterrhein entspringt dem Paradiesgletscher auf der Ostseite des Rheinwaldhorns, fliesst durch eine Schotterebene namens Ursprung und stürzt sich in die Schlucht Hölle.

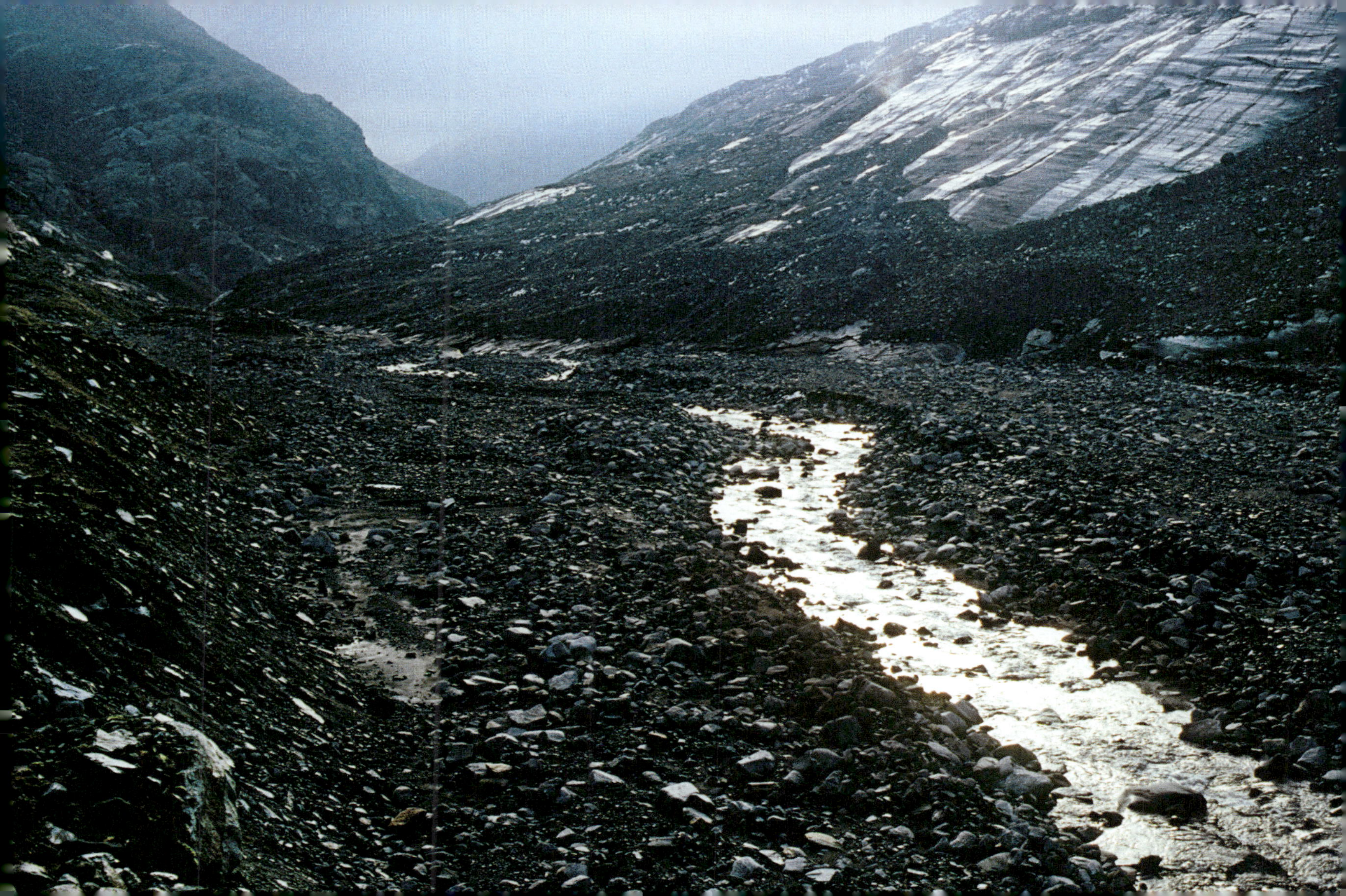

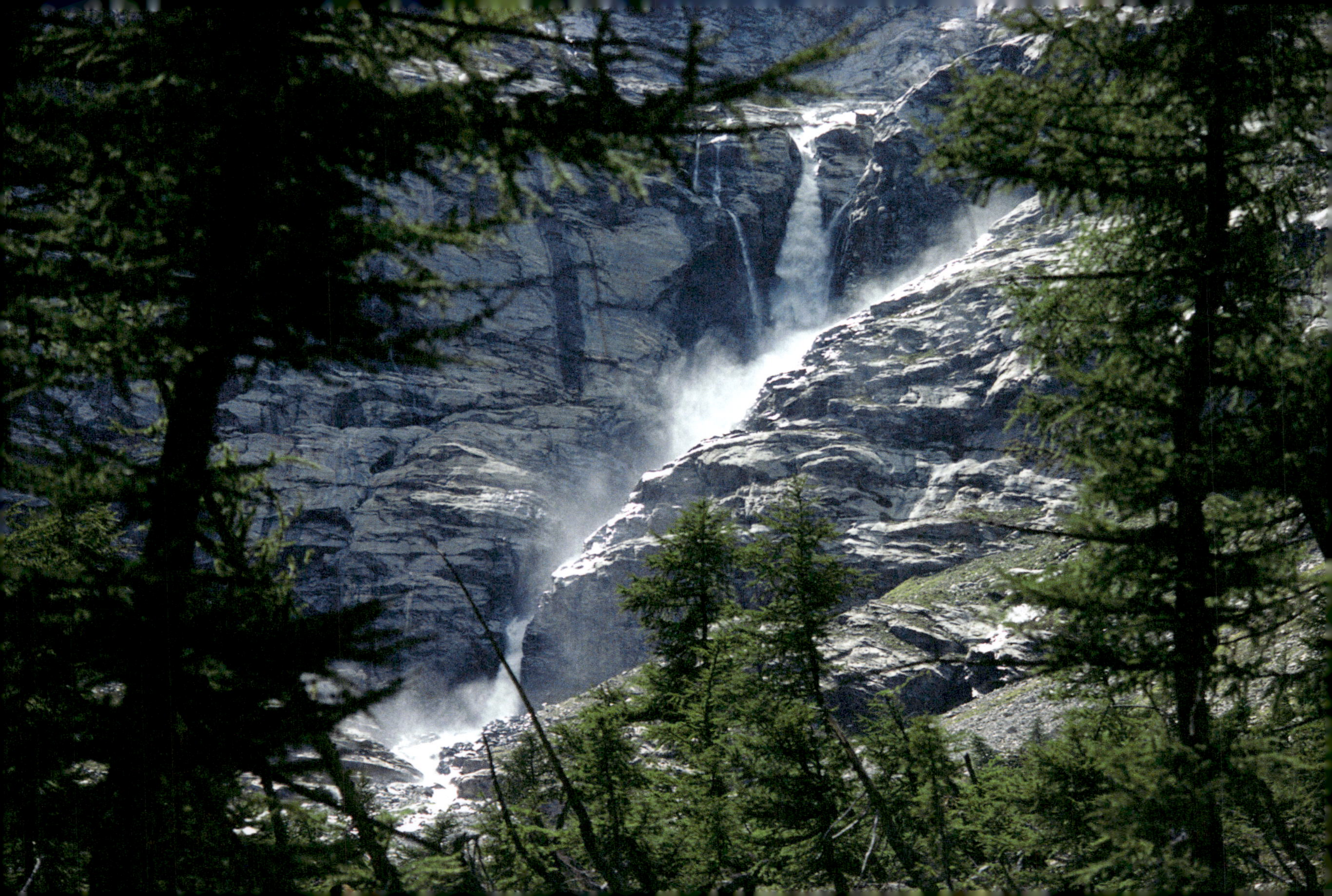

Alpine Fliessgewässer und die Greina-Stiftung

Sep Cathomas
Nationalrat, Brigels/GR

Nur gerade 2,3 % des gesamten weltweiten Wasservorkommens ist Süsswasser. Das Polareis und in unseren Breitengraden die Gletscher sind die Speicher dieser lebensnotwendigen Ressource. Die alpinen Fliessgewässer sind die Sammelbecken des Wasserschatzes und die Flusslandschaften bilden die natürlichen Versorgungsnetze sowie die Lebens- und Erholungsräume für Mensch und Tier.

Der starke Schwund unserer Gletscher verbunden mit den trockenen und niederschlagsarmen Perioden der letzten Jahre machen uns überdeutlich auf die Gefährdung des lebenswichtigen Gutes aufmerksam. Auch die grossen Unwetter mit den riesigen Niederschlagsmengen vermögen es nicht, die natürlichen Speicher nachhaltig zu füllen. Trotz der wesentlichen Bemühungen der vergangenen Jahrzehnte zum Schutze der Natur, mahnen uns diese Feststellungen zur sorgfältigen Behandlung und Nutzung dieses alltäglichen Gebrauchsgutes. Wir müssen uns vermehrt bewusst werden, dass diese natürliche Ressource nicht unendlich ist.

Das 20-jährige Bestehen der Greina-Stiftung und die durch diese Institution nicht unwesentlich beeinflusste Unterschutzstellung von verschiedenen alpinen Flusslandschaften beweisen es in ausgeprägter Art und Weise, dass nebst dem Schutz auch eine vernünftige Nutzung mit einer gewissen Wertschöpfung absolut nachhaltig sein kann. Der Besuch der

Foto: Gespeist vom Vadret da Palü, dem stark zurückgegangenen Palügletscher, stürzt das Acqua da Palü über Felsstufen zum Lagh da Palü. Der Blick von der Alp Grüm, 2091 m, einer Station der Berninabahn, gehört zu den klassischen Ansichten des Schweizer Tourismus.

einmaligen Landschaften wie zum Beispiel der Greina-Ebene oder des Val Frisal bestätigt diese Aussage und ist nach wie vor ein Erlebnis und empfehlenswert.

Die aufgezeigten Probleme verlangen von uns allen und somit auch von der Greina-Stiftung einen weiteren Einsatz zu Gunsten unserer Gewässer und alpinen Flusslandschaften. Verbunden mit dem Glückwunsch zum 20-jährigen Jubiläum hoffe ich weiterhin auf ein erfolgreiches Wirken der Greina-Stiftung und auf eine gute und erspriessliche Zusammenarbeit.

Dr. Elmar Ledergerber
Stadtpräsident Zürich

Ich gratuliere der Greina-Stiftung zum Jubiläum ganz herzlich. Die ersten zwanzig Jahre waren sehr erfolgreich und wegbereitend für den Umweltdiskurs in der Schweiz. Heute steht das Label «Greina» für nachhaltige Energieproduktion und für einen fairen Ausgleich zwischen den peripheren alpinen Regionen, die Strom produzieren und den Zentren, die diesen verbrauchen. Ich hoffe, dass die Greina-Stiftung ihr Kerngeschäft weiterhin aktiv und erfolgreich betreibt.

Maya Graf
Nationalrätin, Sissach/BL

Die steigende Nachfrage nach Strom darf uns nicht dazu verleiten, unsere letzten natürlichen Alpengewässer auch noch zu fassen. Nur lebendige Fliessgewässer mit genügend Wasser erhalten den Reichtum der Tier- und Pflanzenwelt, die Schönheit der Landschaft und das Erbe für unsere Kinder.

Foto: Ruinaulta, die Schlucht des Rein Anteriur im Trümmerfeld des Flimser Bergsturzes, ist mit ihren grösstenteils unverbauten Ufern eine der schönsten Naturlandschaften der Schweiz.

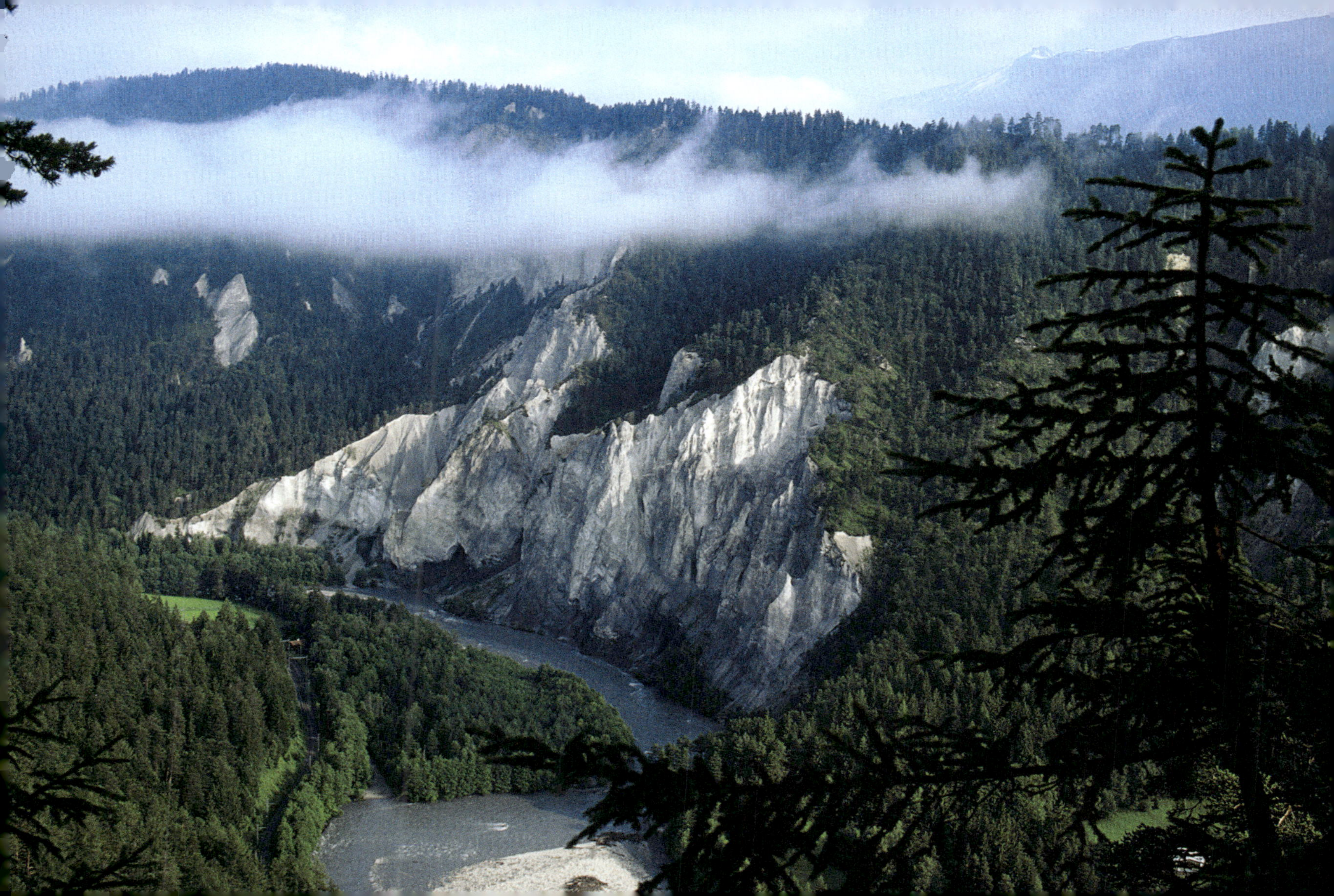

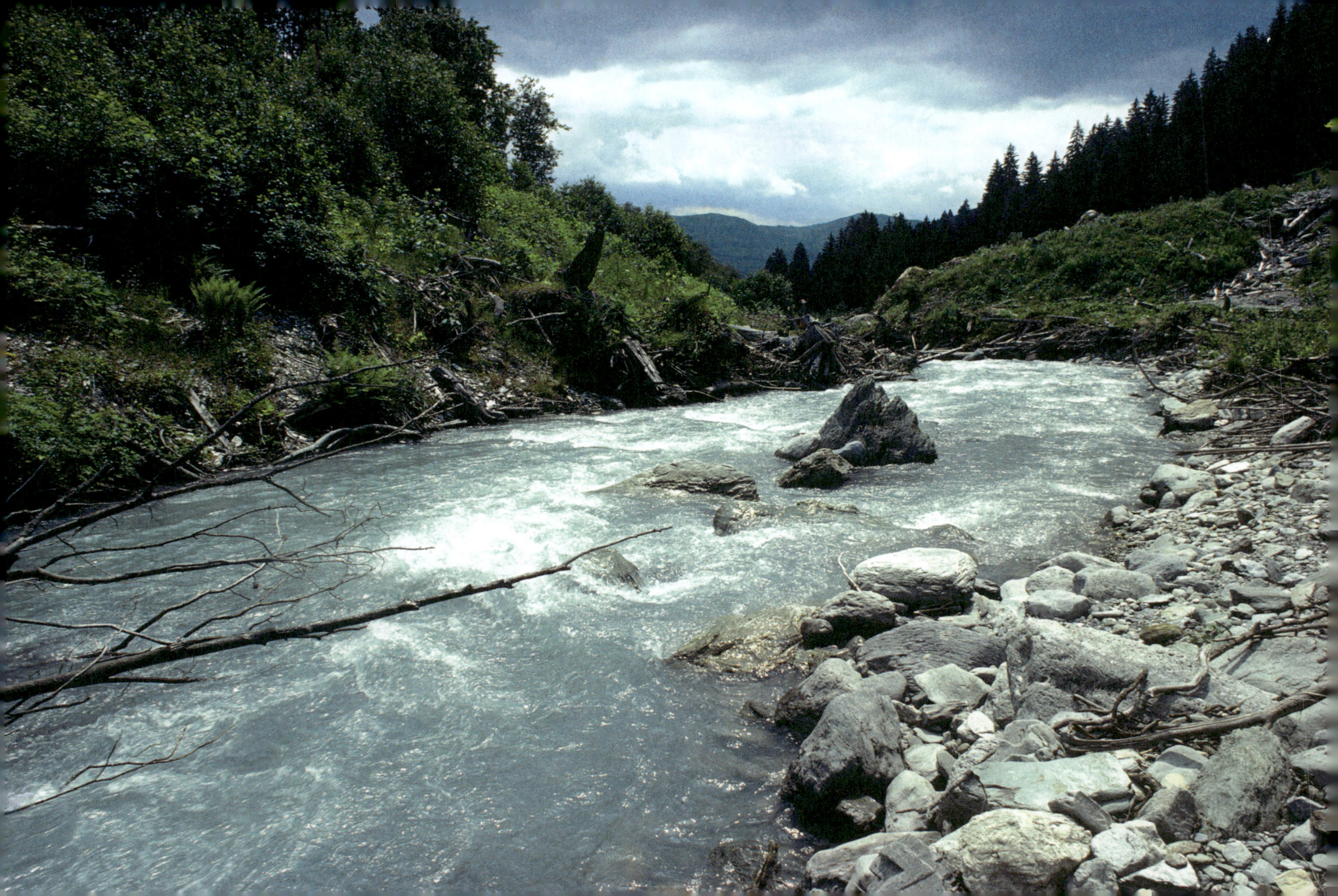

Che si debba proteggere l'ambiente è ormai diventato un luogo comune. Anche nell'economia il fattore ambientale gioca un ruolo sempre più rilevante, tant'è che l'industria idroelettrica si autodefinisce «naturale» e ne trae pure profitto. Ma tutto questo ha portato, paradossalmente, ad una diminuita attenzione e ad un minore impegno nei confronti dei tanti problemi ambientali che, al di là delle belle frasi, ci continuano ad assillare. Ne è una prova, fra le tante, il fatto che, a quindici anni dalla loro entrata in vigore, le norme sui deflussi minimi siano rimaste più o meno lettera morta.

Questa situazione non fa che accentuare l'importanza di un'istituzione come la Fondazione della Greina. Dopo vent'anni di lotte che hanno contribuito fra le altre cose a creare una forte sensibilità in merito alla salvaguardia dei corsi d'acqua alpini, nei prossimi vent'anni ci toccherà lottare per far sì che alle parole seguano i fatti.

Prof. Dr. iur. Michele Luminati
Professor für Rechtsgeschichte und Rechtstheorie an der Universität Luzern

In den vergangenen 20 Jahren hat sich immer wieder gezeigt, wie wichtig Gespräche zwischen Vertretern von Gemeinden, Naturschutz und Politik sind, um Lösungen und Wege zum Schutz unserer einmaligen Flusslandschaften – wie der Greina-Hochebene – zu finden. Möge auch zukünftig ein offener Dialog dazu beitragen, dass weitere Natur- und Landschaftsschutzprojekte erfolgreich ausgeführt werden können.

Prof. Dr. Hans Urs Wanner
Küsnacht/ZH

Foto: Der Schmuer im Panixertal war einmal einer der schönsten Wildbäche der Surselva. Seit die Kraftwerke Ilanz I und II den Betrieb aufgenommen haben, ist das Bachbett ausgetrocknet.

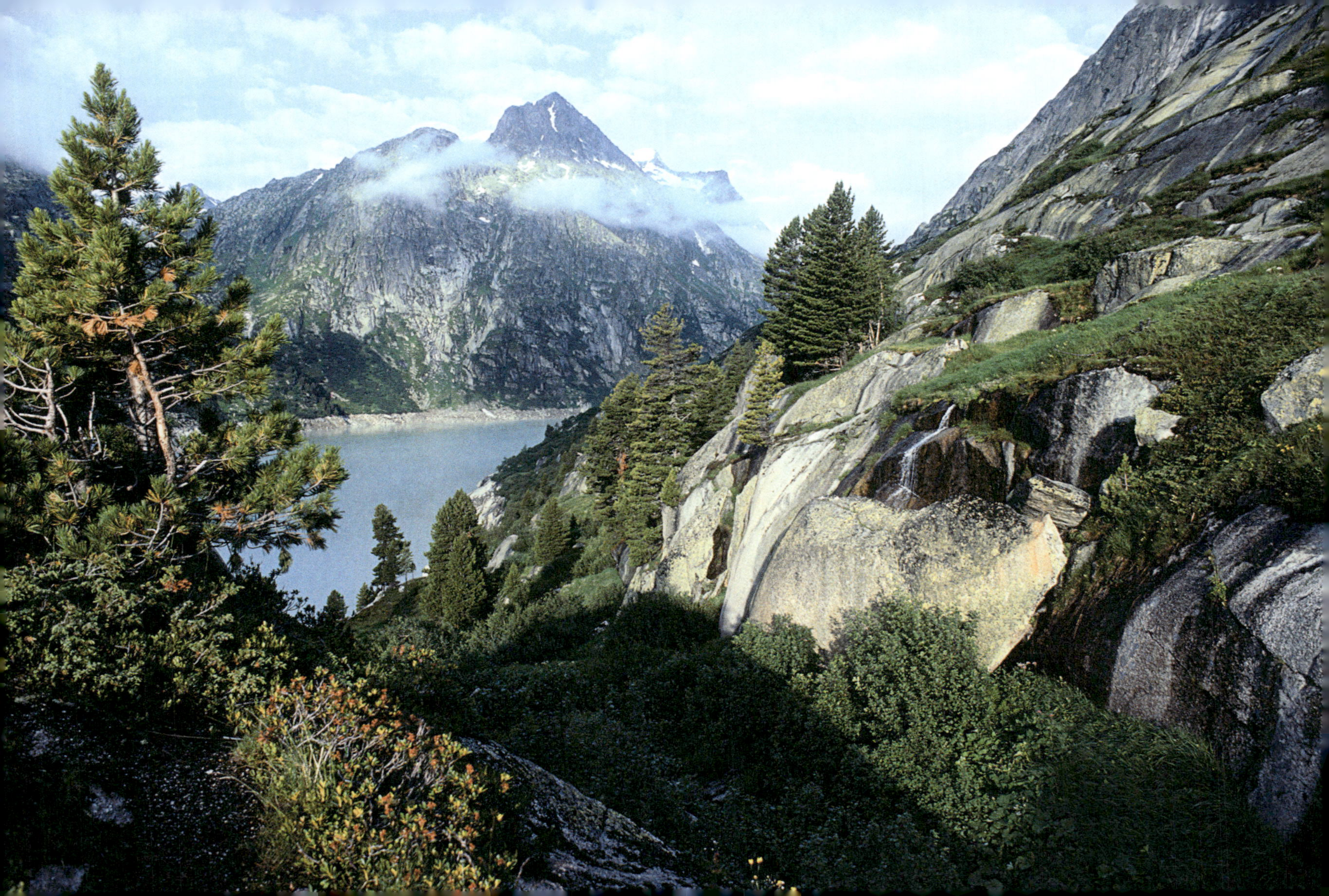

Ein Bergler geht mit einem Kind aus der Stadt in die Berge. Am Wegrand finden sie plötzlich tiefrote wunderschöne Erdbeeren. Der Bergler greift herzhaft zu, während das Kind ungläubig daneben steht und fragt: «Ja kann man die denn essen?» – Um solcher Naturferne vorzubeugen, braucht es Organisationen wie die Greina-Stiftung, die Menschen, welche immer weiter weg von wahrer Natur aufwachsen, in die Natur zurückzuführen.

Dr. Fritz Schiesser
Ständerat, Haslen/GL

Greina, Val Madris, Curciusa und andere wunderbare Naturlandschaften konnten nicht zuletzt dank des Verbandsbeschwerderechts vor Beton geschützt werden. Dieses Schutzinstrument muss erhalten bleiben. Wer es überdehnt und beim Volk in Verruf bringt, handelt verantwortungslos und schadet der Natur.

Rudolf H. Strahm
e. Nationalrat, Preisüberwacher,
Herrenschwanden/BE

Wasser in Fülle ist eines der höchsten Güter auf Erden. Darum darf mir jedermann jederzeit das Wasser reichen. Und soll immer noch soviel Wasser auf seine Mühle leiten, wie er sich nur wünschen mag.

Prof. Dr. Iso Camartin
Schriftsteller, Zürich

Foto: Der Grimselsee, durch die Spitellammstaumauer in den dreissiger Jahren des vergangenen Jahrhunderts aufgestaut, bildet heute noch den Mittelpunkt des einst mächtigsten hydroelektrischen Systems in der Schweiz. Die Kraftwerke Oberhasli AG und die Berner Regierung stellten damals die ganze übrig gebliebene Landschaft, darunter Moorgebiete und den höchstgelegenen Arvenwald der Berner Alpen, unter Schutz. Durch eine neue Mauer mitten im See wollten sie später ihr eigenes Schutzgebiet ertränken. Das Projekt wurde zurückgezogen. Zur Zeit ist eine wesentliche Erhöhung der bestehenden Mauer umstritten.

Marc F. Suter
Nationalrat, Präsident Fonds
Landschaft Schweiz, Biel/BE

«Es ist das Schicksal jeder Generation, in einer Welt unter Bedingungen leben zu müssen, die sie nicht geschaffen hat.»
John F. Kennedy

Zu den herausragenden Merkmalen der Schweiz zählen seine unterschiedlichen Kulturen, die vielseitige Landschaften geprägt haben. Wir wissen es und sind stolz darauf: Wenige Länder bergen auf kleinem Raum so viele landschaftliche Schätze wie die Schweiz.

Bewahren der Landschaft bedeutet auch Pflege der Geschichte und der uns von den Vorfahren hinterlassenen Werke und Werte. Die Kulturlandschaft der Bergtäler erzählt Geschichten vom Kampf der Menschen mit den Naturgewalten, denken wir zum Beispiel an die Suonen im Wallis oder die winzigen mit Terrassen der Natur abgerungenen Äcker und Rebberge im Tessin oder entlang unserer Seen. Die Seen- und Flusslandschaften sind geprägt von der Bewegung zwischen Wasser und Land, wo der Mensch zur Sicherung des Lebensraumes mit Bewässerungsanlagen, Kanälen, Teichen usw. eingewirkt und eine bedeutende Kulturlandschaft geschaffen hat, so etwa im Grossen Moos oder mit den Wässermatten im Langenthal und Reusstal oder mit der Gestaltung der vielen naturnahen See- und Flusslandschaften.

Zu diesem Erbe sollten wir Sorge tragen, unsere Schätze hegen und pflegen – für die Menschen, die hier leben, für die Besucher aus aller Welt, aber auch für die Tier- und Pflanzenwelt. Wir wollen doch der künftigen Generation eine Landschaft übergeben, die für sie wie für uns Quelle der Freude ist. Diese Verantwortung erfordert mutige und weitsichtige Entscheide in der Politik. Dafür hat sich die Greina-Stiftung in den vergangenen zwanzig Jahren erfolgreich eingesetzt – ein grosses Merci und macht weiter so!

Foto: Der Inn, im rätoromanischen Unterengadin «En» genannt, oberhalb des Dorfes Susch. Der Inn ist der Fluss des Engadins, reicht aber als einer der grössten Alpenflüsse weit darüber hinaus. Seine Länge bis zur Mündung in die Donau bei Passau beträgt rund 500 km.

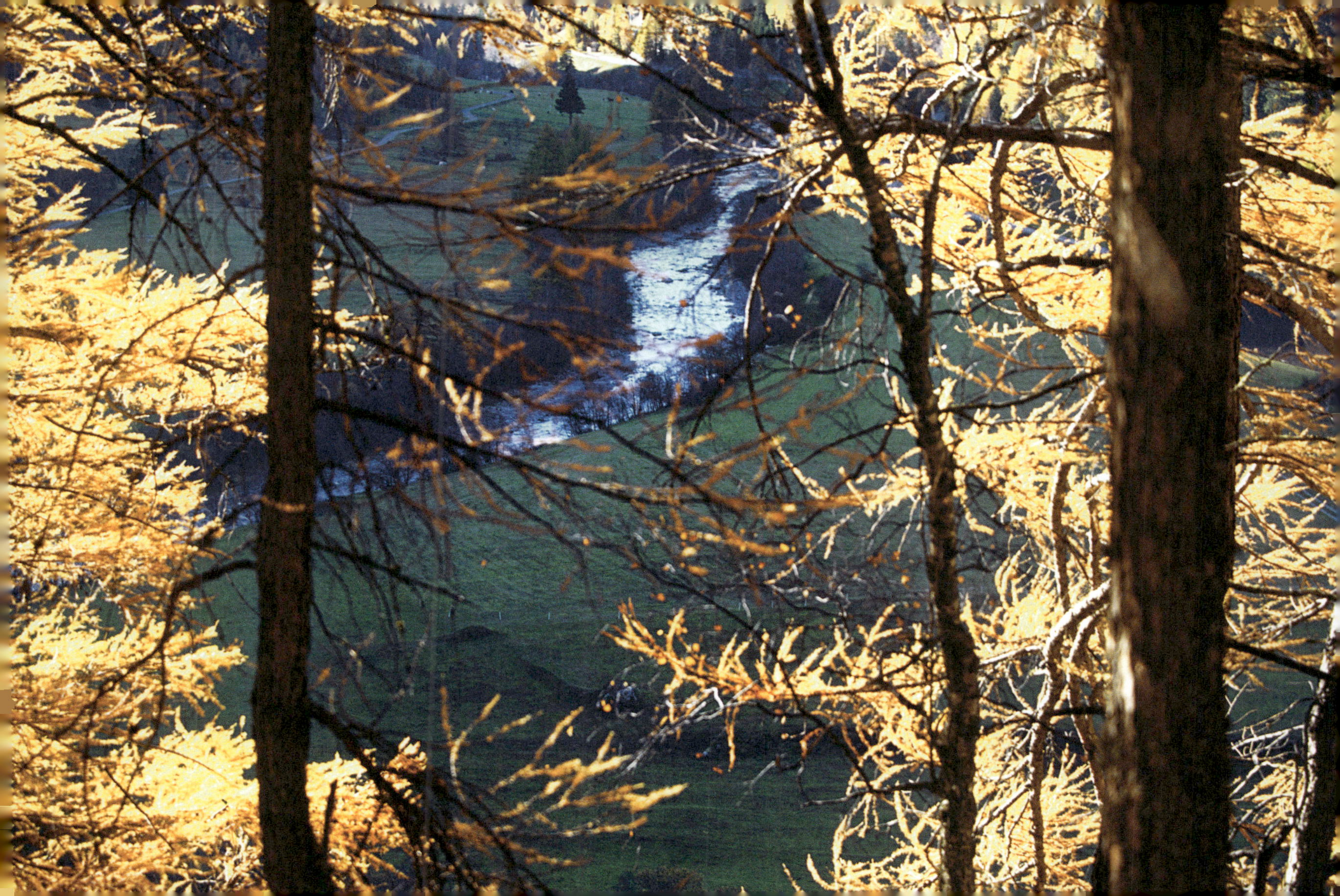

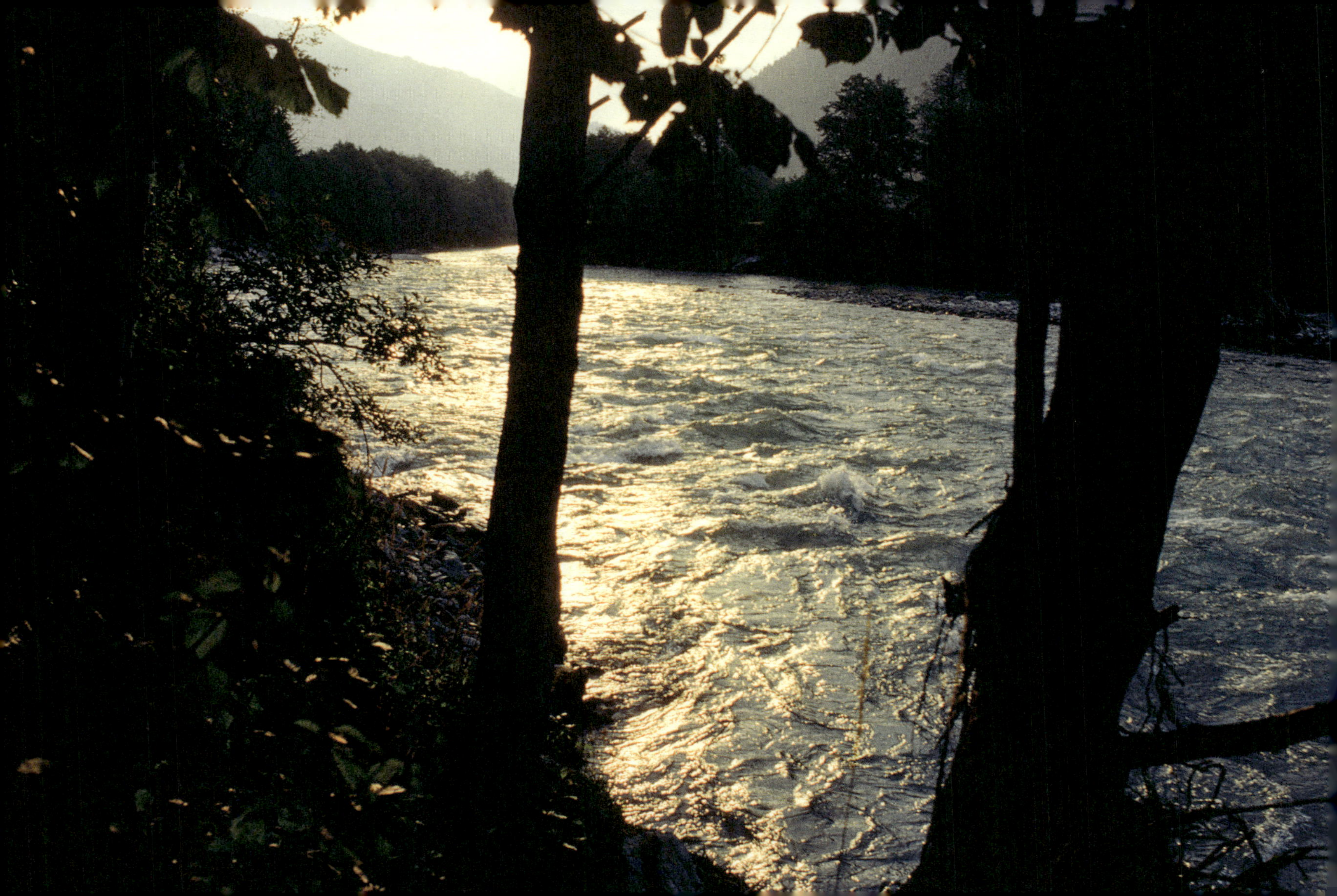

I am very proud to be part of a successful organisation and movement to save our mountain rivers and valleys for future generations. The Greina Foundation has not only been a forerunner in preserving riverscapes. It had also promoted and introduced instruments like the financial recompensation of communities that forsake exploiting their water and landscape resources. It has analysed energy consumption and policy and has, without respite, yet creatively, worked towards a more sustainable use of energy resources in our country. Finally, within international networks, the people from the Greina Foundation have strived for the same aims across the globe. We have not reached our goal yet. But that so much was achieved in twenty years is a superb feat. Congratulations to all those who have contributed in so many different ways!

Dr. Ursula Brunner
environmental lawyer, Zurich

Gratulation und Danke für 20 Jahre kompetente Unterstützung beim Engagement für eine nachhaltige Entwicklung. Die Natur kann ohne uns Menschen leben, wir aber nicht ohne sie. Deshalb ist es nötig, dass wir alle uns weiter einsetzen für eine umweltfreundliche Energiepolitik und eine gerechte Verteilung der Ressourcen.

Anita Fetz
Ständerätin, Basel

Foto: Der Rein Anteriur zwischen Tavanasa und Ilanz, fotografiert vor der Nutzung durch die Ilanzer Kraftwerke. Aus dem einst imposanten Alpenfluss ist heute eine bescheidene Restwasserstrecke geworden.

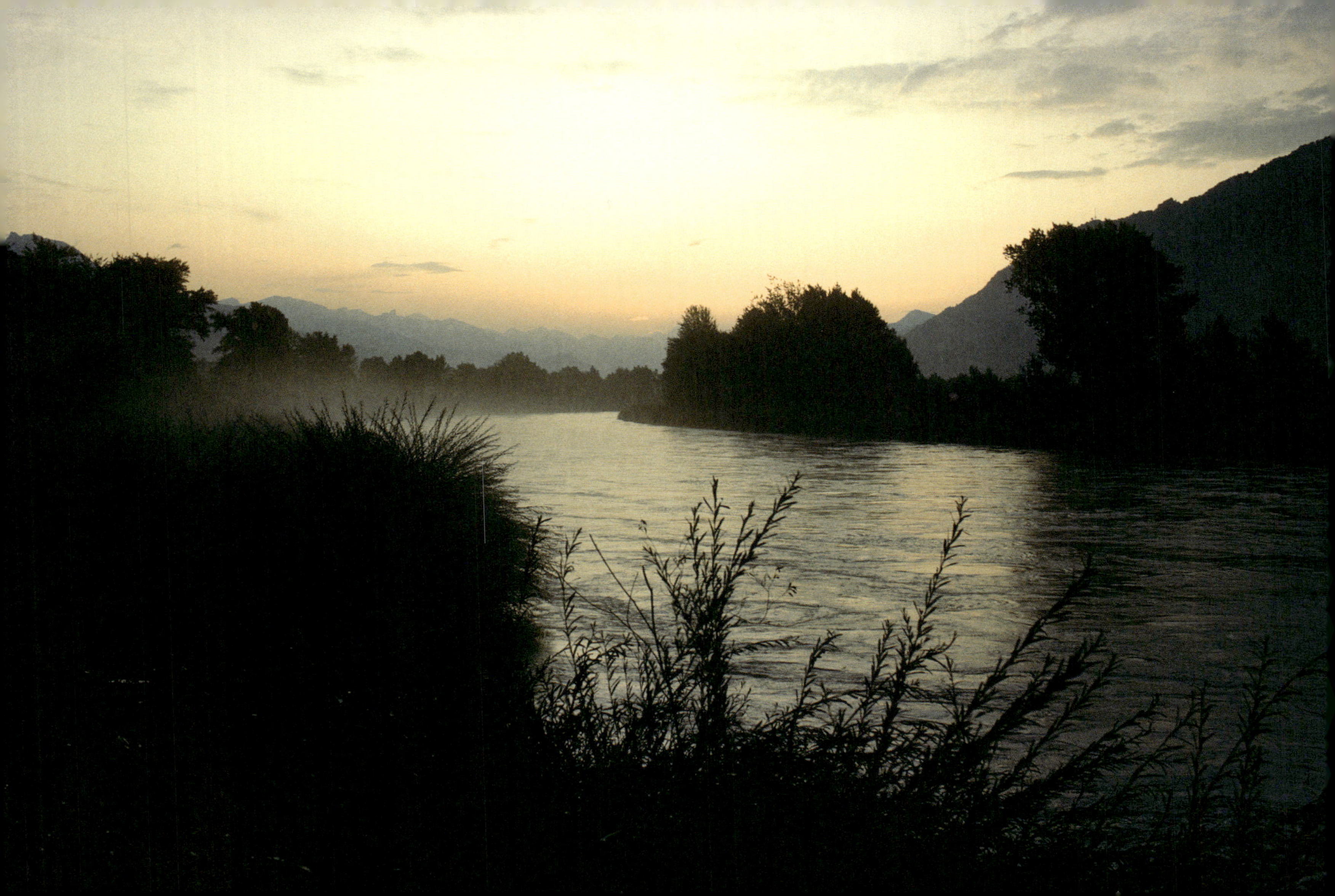

Fotografien von Herbert Maeder
e. Nationalrat, Fotojournalist,
Rehetobel/AR

Foto: Morgenstimmung an der Rhone bei Saillon. Das seit vielen Jahren bestehende Projekt Hydro-Rhône sieht am unteren Rhonelauf eine Reihe von Staustufen vor. Eine Realisierung dürfte auf sich warten lassen.

Bryan Cyril Thurston
dipl. Architekt und Maler,
Uerikon/ZH

EMOTION GREINA

1
FILTRIERT ZUR ESSENZ UNSERES SEINS,
WALTET UND FESTIGT SEDIMENTGESTEIN,
ULTRAHELVETISCHE SCHICHTEN EMPORTRANSPORTIERT,
ZERSCHMETTERT UND ERODIERT

2
TAUWASSER IN RINNSALEN GESAMMELT,
GESPEIT IN KASKADEN,
KLUS DURCHSCHNEIDEND,
UND ALS LEBENDIGER BACHMÄANDER
DEN FRIEDEN VERGEGENWÄRTIGEND

3
LA GREINA: SYMBOL,
ODEM UNSERES SEHNENS,
FORTWÄHRENDE SCHÖNHEIT,
UMHÜLLE UNS MIT DEINEM WIRBELNDEN NEBEL
UND TAUFE UNS MIT DEINEM
ALLERFRISCHENDEN FLIESSENDEN WASSER

PAPS OF JURA, SCHOTTLAND
Es gibt andere Greinas!
Radierung, Reliefdruck, 33 x 26,7 cm, 1995

GREINA-REMINISCENCE (2005)

1
GREINA – a masterful surge of upland-viscosity –

2
Pizzo Coroi of elongated sweep-flowing mist-dusted
ridgeline, forlorn in the ever engulfing festoon-vapour,
snow patched, endlessly remote, unspoken
in the fraction of the mind ....
such is the magnificent northern-slope-fall
of uncountable rusty slate slabs =
a parauchtochtone liassic world lost on the
fringe of our being: splitting snow-rests:
the remnant-remains of the tiny
Glatscher da Rialpe
with its carbon-grey-blue tarns,
reflecting the austerity of mountain vision –

interlude
.... and when the wind blows, blasts
the springtime snow-corniced Coroi-Marmor ridgeline,
the black-silhouetted flattering wings of the ravens
scurry:
intensive silence is broken with sullen croaks

3
descend the sliding scree-chattering-slabs;
mileages of black-rust, until a gully is found leading
down to the depths of the Passo della Greina:
a wedged-cleavage of autochthonous triassich sediment
strike-shatter the valley floor in towered-bands,
even piled into bizzare forms: rest left-overs
of a geological-temple utterly serrated, yet ulmost
unbroken (= the tectonic thrust plain twixt trias and lias)
.... and when i stand on the verge of these
yellow-whitish «Rauhwacke» rocks in all
steadiness, strength, judgement and agility:
the cracks, faults, brittle crumbling crack-edges =
the tale of weather denudation where the harder
course grained sheets have survived and the
softer sediment has been dissolved into a
fine grained sand ....

interlude
as long as the Greina-triassic
sands of life shall run –
there will be peace on earth –

4
we descend through a triangular large
field of spongy-moss (= finest bed of shepherds)
diverted by the fall of small water-courses,
and in sweeping-jumps cross numerous
fast flowing indigo-grey mountain streams,
the source of the Brenno: to land in an
ultimate haven of seclusion;

sparkling rush of pure water over fine pebbles
and yellow-white sand: we have reached the
paradise of contemplative serenity; to the south
hovers a great triassic natural arch, battered,
formed by time, and to the north tremendous
grey orthogneiss rocks of the descending eastern
Gotthard-Massive are splintered, torn and even
cut-sliced in two – at the utmost end of the
Piano della Greina the young Brenno has sliced
its downward course through vast overhanging
triassic turrets of sandy sullen brown-white-bluish-grey
sediment on the southern side, whereas to the north
the rapid water almost shakes the large gneiss boulders
– an utter-narrow path traverses steep scree, being lost
further down: (= a wedged-way only for the adventurous)

interlude
at the Greina-Senke of the Val Camadra
the whole Greina geological-upbuilding is cut open,
gigantic obelisks dim with mist,
tunnelled spouting waterfall:
doomed apparition of chaotic confusion,
of smashed slate slabs,
toppled, hurled, split asunder
into gully: crushed, grim, silent ....

5
the young Rein da Sumvitg, which waters the
Plaun la Greina, caresses mountain rock and

arctic sedge grass; then edges triassic sand,
before smashing its downward way through
a vast defiled field of gneiss-blocks; thereafter
cutting a sensuous way through the magnificent
Greina-Klus (=gorge) – in water pools of tender
pale-blue and surrounded in pinkish-white triassic
quartz: this a hardly passable mountain passage –

6
we are now in the home of wheatear, stonechat,
snow-finch and ptarmigan; dippers jump the
river-stone-boulders; and we wade the ice-cold
Greina water-rush – oh undulated Plaun la Greina
of drumlin, moraine and erratic-block resembling
baby seals lying on the swimming-mothers-back

Piz Zamour`s rock debris slide the alluvial floor,
its vast slopes full of the cry of innumerable ephemera;
the watering bath of shepherdess;
watch the hovering flight of the golden eagle,
the shrill-prey of piping marmot –
weather inclination – sheep nibbling on the mountain –
the gesture of unforgetable Bergamask shepherds
crazy, majestic rock strewn primitve hut,
the sheltering abode of the unknown

VIVA LA GREINA, Dedicated to the memory of Alexi Dagonda, Sherherd of Carpet la Greina / Toni Haler, Poet, Villa, Lumnezia / Armin Schibler, Composer, Zurich / Tarcisi Cadalbert, Artist, Sevgein and Zurich / Pater Flurin Maissen, Rumein, Lumnezia.

PASSO DELLA GREINA, PIZ CANAL, PIZ TERRI
Aquarell, 30 x 23 cm, 2004

PIZ ZAMOUR, PIZ CANAL, PIZ NER (CANAL)
Aquarell, 30 x 23 cm, 2004

BERGFLANKE PIZ ZAMOUR, PIZ CANAL VON PLAUN LA GREINA
Aquarell, 26,7 x 13 cm, 2000

PLAUN LA GREINA, PIZZO COROI
Aquarell, 25 x 18 cm, 2002

Hans Moser

Karikaturist, Laax/GR

Erschienen 2006

70

Meine erste Erinnerung an einen Staudamm und Fliessgewässer geht zurück ins Jahr 1932. Als Zehnjähriger nahm mich mein Onkel mit zur Eröffnung des Norris-Damms in Knoxville, Tennessee. Ich war sehr beeindruckt von dieser Staumauer. Was dahinter steht, realisierte ich nicht, bis ich Graubünden zu meiner Heimat machte. Meine Begeisterung von damals in Tennessee wandelte sich in ein Bewusstsein, dass wir etwas tun müssen für unsere alpinen Fliessgewässer. Mit meinen Cartoons, Bleistift und Papier allein wäre der Kampf aussichtslos, aber gemeinsam waren wir stark und mit der Greina-Stiftung haben wir einen Kampf gewonnen und durften stolz sein und uns freuen.

Erschienen im Nebelspalter, 1997

Karikatur links:
«Die Nachwelt wird…»
Erschienen im Nebelspalter

Karikatur Mitte:
«Restwasser»
Erschienen im Nebelspalter, 1995

Karikatur rechts
«Wenn ihr euch…»
Erschienen im Nebelspalter, 1994

RESTWASSER

«Wenn Ihr Euch nicht mehr Mühe geben wollt, schicke ich Euch wieder da hinauf!»

Die rechtliche Seite

Demokratisches Verbandsbeschwerderecht in Gefahr
Prof. Dr. iur. René Rhinow
Prof. Dr. iur. Georg Müller

«Wohlerworbene» oder demokratische Rechte?
Prof. Dr. iur. Manfred Rehbinder
lic. iur. Gallus Cadonau

Demokratisches Verbandsbeschwerderecht in Gefahr

FDP-ZH-Initianten: Unterschriften gegen die Natur?

Einleitung durch die Herausgeberin mit Dank an die Autoren der nachfolgenden Beiträge

Das demokratische Verbandsbeschwerderecht – oder das «Recht des kleinen Mannes gegen die Konzerne» (O-Ton, Dr. E. Akeret) – ist einigen Bundesparlamentarier/innen seit Jahren ein Dorn im Auge. Im Jahr 2005 lancierte die FDP des Kantons Zürich eine Volksinitiative zur massiven Einschränkung dieses Rechts. Offenbar mit viel Geld wurden «Unterschriften gegen die Natur» gesammelt: Entscheidungen eines Parlaments oder Volksentscheide sollten nicht mehr überprüft werden können. Für die SGS ist klar: In diesem Rechtsbereich befolgen wir die im Tages-Anzeiger vom 16. August 2005 veröffentlichte kritische Meinung unseres Stiftungsrats, Prof. Dr. René Rhinow und Prof. Dr. Georg Müller, und teilen ihre Bedenken gegen die Abschaffung des Verbandsbeschwerderechts:

A. **«Die Volksinitiative der FDP gegen das Verbandsbeschwerderecht schiesst weit über ihr Ziel hinaus. Sie ignoriert rechtsstaatliche und liberale Prinzipien.**

1. *Der Initiativtext ist wegen seiner Unklarheit kaum verfassungswürdig (...)*
2. *Diese Sichtweise ist in doppelter Hinsicht irreführend. Denn einmal schliesst der Text der Initiative (...) viele weitere Bauvorhaben vom Verbandsbeschwerderecht aus, über die gar nicht demokratisch entschieden worden ist. Zum andern wird den Verbänden im Umweltschutzgesetz, im Natur- und Heimatschutzgesetz und in einigen weiteren Gesetzen keine Entscheidungsbefugnis eingeräumt, sondern ein Recht zur Beschwerde gegen die Bewilligung ganz bestimmter, die Umwelt besonders belastender Grossbauvorhaben.»*

Prof. Dr. iur. René Rhinow
em. Professor für öffentliches Recht an der Universität Basel und Ständerat

Prof. Dr. iur. Georg Müller
em. Professor für Staats-, Verwaltungsrecht und Gesetzgebungslehre an der Universität Zürich

B. «Die Gerichte entscheiden, nicht Verbände»

1. Es wird immer wieder übersehen, dass nicht die Verbände die Volks- und Parlamentsentscheide über die Errichtung von Bauten überprüfen, sondern die Gerichte, die auf Grund von Verbandsbeschwerden die Baubewilligungen aufheben oder ändern, wenn sie im Widerspruch zum Gesetz stehen.
2. Die Gerichte verhelfen damit dem Willen des Parlamentes bzw. des Volkes, der ja im Gesetz seinen Ausdruck findet, zum Durchbruch.
3. Das Verbandsbeschwerderecht ist also nur das Mittel, um den Gerichten die Gelegenheit zu geben, die Rechtmässigkeit von Baubewilligungen zu überprüfen.
4. Die Statistik zeigt, dass Verbandsbeschwerden eine relativ hohe Erfolgsquote haben. Offenbar wird bei der Bewilligung von Grossbauvorhaben der Umweltschutzgesetzgebung nicht selten zu wenig Rechnung getragen.
5. Warum soll die Verbandsbeschwerde nur bei Bauten, die auf Beschlüssen des Volkes oder des Parlamentes beruhen, ausgeschlossen sein, nicht aber bei Bauten, die von einer Verwaltungsbehörde bewilligt worden sind? Was rechtfertigt diese Ungleichbehandlung?
6. Im Grunde müsste man aus liberaler Sicht bei Bauten, die der Staat errichtet und zugleich bewilligt, besonders misstrauisch sein.
7. Ist das Risiko, dass die Behörden die Interessen am Umwelt-, Natur- und Heimatschutz zu wenig berücksichtigen, nicht besonders gross, wenn der Staat selbst als Bauherr um eine Baubewilligung ersucht?

8. Eine Überprüfung durch die Gerichte auf Grund einer Verbandsbeschwerde müsste man eigentlich bei Bauten des Staates sogar noch eher zulassen als bei Bauten von Privaten.
9. Das Verbandsbeschwerderecht steht also nicht im Gegensatz zur demokratischen Legitimation von Entscheidungen.
10. In einem Rechtsstaat müssen sich auch die Parlamente und das Volk beim Entscheid über Bauvorhaben an die von ihnen selbst beschlossenen Gesetze halten. Wie Art. 5 Abs. 1 der Bundesverfassung statuiert, ist Grundlage und Schranke allen staatlichen Handelns das Recht.
11. Dass die konkrete Ausgestaltung des Verbandsbeschwerderechts zu überprüfen und anzupassen ist, soll nicht bestritten werden. Insbesondere wäre klarer zu regeln, welches Organ innerhalb der Verbände zur Beschwerdeerhebung befugt ist, um zu verhindern, dass gewisse ideelle Organisationen von einzelnen Personen ‹beherrscht› werden können. Auch eine Pflicht zur öffentlichen Rechenschaft über die Tätigkeit der Verbände kann dazu beitragen, die ‹verbandsinterne Demokratie› zu verbessern.»

C. «Das Volk hat nicht immer das letzte Wort»

1. Schliesslich muss aus rechtsstaatlicher Sicht die populistische Tonlage der Initiative respektive ihrer Begleitkommentare Kopfschütteln auslösen.
2. Wenn behauptet wird, mit dem Verbandsbeschwerderecht regiere eine Minderheit (die Beschwerdeberechtigten) gegen die Mehrheit («das Volk»), so wird verdunkelt, dass unsere Rechtsordnung Rechtsmittel gegen Entscheide von Volk und Parlamen-

ten auch anderswo kennt, gerade um Grundrechte Privater zu schützen. So stehen im Rechtsstaat Anfechtungsmöglichkeiten Privater gegen Bauvorhaben, gestützt etwa auf die Eigentumsgarantie, auch dann offen, wenn diese auf Volks- oder Parlamentsentscheide zurückzuführen sind.

3. Das Volk hat hier nicht das letzte Wort, weil es sich grundsätzlich an höherstufiges Recht zu halten hat.
4. Erscheint es nicht gefährlich, Volksentscheide über Bauprojekte argumentativ in eine Art ‹Unfehlbarkeit› und damit Unanfechtbarkeit zu rücken und so den Freiheitsrechtsschutz auszublenden?
5. Es erstaunt, dass gerade die FDP diesem liberalen Aspekt offenbar so wenig Gewicht beimisst.»

Ähnliche Bedenken äusserte auch der Aargauer FDP-Ständerat, ehemaliger Regierungsrat und ehemaliger Bundesrichter Prof. Dr. Thomas Pfisterer anlässlich der Ständeratsdebatte zum Verbandsbeschwerderecht.

Foto: Aletschgletscher mit Walliser Fiescherhörnern und Aletschwald. Die Landschaft gehört zum UNESCO-Weltkulturerbe «Jungfrau-Aletsch-Bietschhorn».

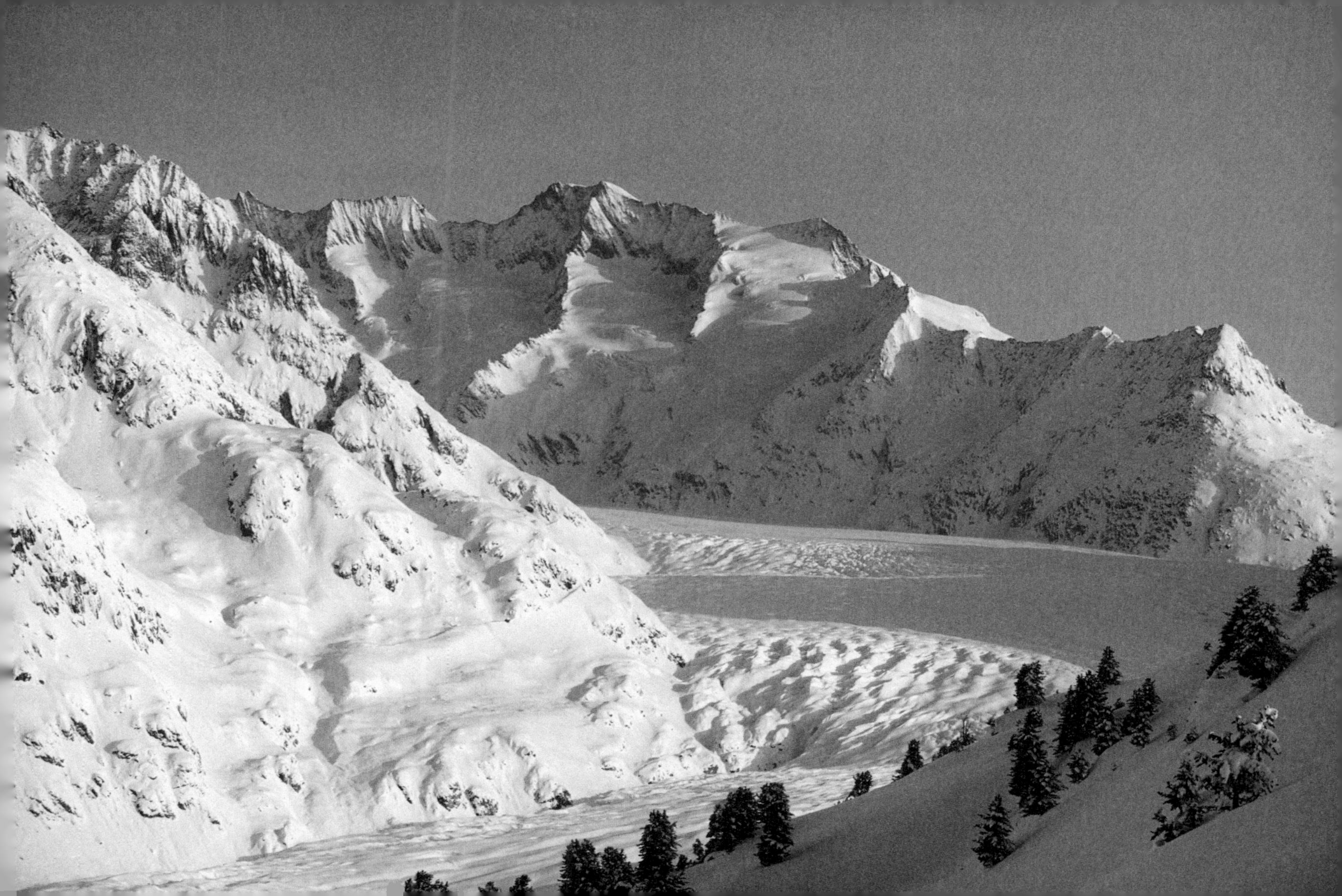

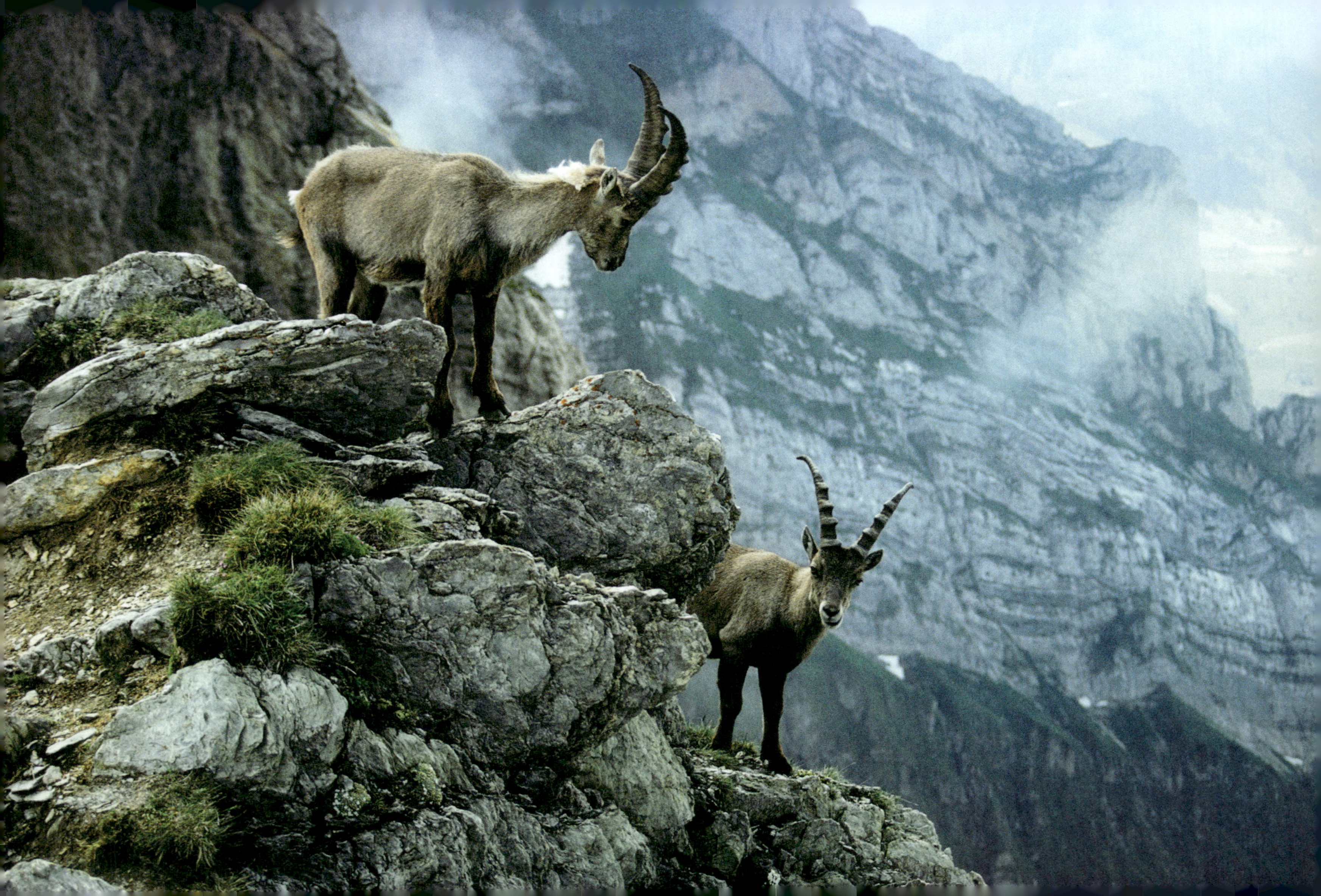

«Wohlerworbene» oder demokratische Rechte?
(Von Gallus Cadonau, lic. iur., und Prof. Dr. Manfred Rehbinder, Zürich)[*]

1. Vordemokratische Rechte ohne Verfassungsgrundlage

«Erratische Blöcke im öffentlichen Recht» nannte der Autor der Neueren Schweizerischen Verfassungsgeschichte, Prof. Alfred Kölz, 1978 die «wohlerworbenen Rechte.»[1] Es sind offenbar «Zeugen unbewältigter juristischer Vergangenheit, indem man sich bei der Schaffung neuen Rechts scheute, alte subjektive Rechtspositionen abzuschaffen».[2] Historisch betrachtet entstanden die «wohlerworbenen Rechte» in einer vordemokratischen Zeit, als kein Rechtsschutz gegen hoheitlichen Zugriff bestand und das Verwaltungsrecht im alten Polizeistaat als blosses «praecarium» (unsicheres Recht) galt.[3] Damals herrschte noch die Meinung: «Ausserhalb des Zivilrechts gibt es kein Recht.»[4]

Heute bildet gerade das öffentliche Recht die Staats- und Verfassungsgrundlage unseres demokratischen Rechtsstaates. Nur im Rahmen des demokratisch und öffentlichrechtlich determinierten Staates gilt das Zivilrecht.[5] Diese Entwicklung seit Gründung des Bundesstaates 1848 scheint noch nicht überall angekommen zu sein; so ist Art. 43 des eidg. Wasserrechtsgesetzes (WRG) von 1916 zu nennen. Gemäss Art. 43 Abs. 1 WRG verschafft eine «Konzession dem Konzessionär nach Massgabe des Verleihungsaktes ein **wohlerworbenes** Recht auf die Benutzung des Gewässers». Es fragt sich: Sind denn alle anderen Rechtsverhältnisse im Arbeits-, Familien-, Erb- und Sachenrecht und somit generell im öffentlichen und zivilen

---

Prof. Dr. iur. Manfred Rehbinder
Professor Universität Zürich,
Rechtssoziologe

lic. iur. Gallus Cadonau
Geschäftsführer
Schweizerische Greina-Stiftung

[*] Die Autoren danken RA Dr. iur. Michael Bütler, Zürich, und lic. iur. Christa Meyer, Bern, für die kritische Durchsicht des Textes.

[1] Alfred Kölz, Das wohlerworbene Recht — immer noch aktuelles Grundrecht?, in: Schweizerische Juristen-Zeitung (SJZ) 74/1978, S. 65 und 89 ff., Zitat S. 65 (Alfred Kölz, 1944–2003, Prof. für Staats-, Verwaltungs- und Verfassungsrecht an der Universität Zürich, Autor der mehrbändigen Neueren Schweizerischen Verfassungsgeschichte, verschiedener Bundesverfassungsentwürfe usw. und Gründungsmitglied der Schweiz. Greina-Stiftung zur Erhaltung der alpinen Fliessgewässer).

[2] Alfred Kölz, Intertemporales Verwaltungsrecht, in: Zeitschrift für Schweizerisches Recht (ZSR) 102/1983 II, S. 101 ff., S. 179.

[3] Vgl. Gallus Cadonau/Isabelle Christ, Mangelnde Verfassungsgrundlage für wohlerworbene Rechte im Wasserrecht?, Zeitschrift für Gesetzgebung und Rechtsprechung in Graubünden 1/94, S. 12 ff., 36 ff., insbes. S. 13.

[4] Otto Mayer, Deutsches Verwaltungsrecht, 1. Band, 3. Aufl. München/Leipzig 1924, S. 48; René Rhinow, Universität Basel, Wohlerworbene und vertragliche Rechte im öffentlichen Recht, in: Schweizerisches Zentralblatt für Staats- und Gemeindeverwaltung (ZSGV) 80/1979, S. 1 ff.

[5] Vgl. Art. 122 Abs. 1 Bundesverfassung (BV): «Die Gesetzgebung auf dem Gebiet des Zivilrechts ... ist Sache des Bundes.»

Foto: Junge Steinböcke in den Felsen des Lisengrat, AI

Rechtsbereich «schlecht» oder gar nicht erworben? Existieren unterschiedliche Verfassungsgrundlagen für «wohlerworbene» und andere Rechte auf Bundesebene? Dies ist zweifellos nicht der Fall.

In den Auseinandersetzungen beim WRG-Erlass zwischen 1913 bis 1916 wurde offenbar übersehen, dass dieser vordemokratische Begriff nur in einer Monarchie Sinn ergab. Dieses Instrument verschaffte dem Inhaber eines solchen Rechts, insbesondere Untertanen, Schutz vor willkürlichen Eingriffen eines despotischen Monarchen. Der Monarch vereinigte Exekutive, Legislative und Judikative – und somit alle Staatsgewalten in einer Person. Der demokratische Rechtsstaat ist aber keine Despotie. Willkürentscheidungen können auf dem Rechtsweg angefochten werden. Der Begriff der sogenannten «wohlerworbenen Rechte» hat bisher mehr Rechtsunsicherheit und Auseinandersetzungen als Klarheit und Rechtssicherheit geschaffen.

2. Der Bundesgesetzgeber kann und darf keine Sonderrechte schaffen

Aufgrund von Art. 8 der Bundesverfassung (BV) müssen alle Rechtssubjekte in ihren Rechten und Pflichten gleich behandelt werden. Die BV erlaubt auch aus historischen Gründen keine Sonderprivilegien oder spezielle Titel bzw. Rechte für Behördenmitglieder. Bereits in der BV vom 12. September 1848 wurde die Annahme von Titeln und Sonderrechten in Art. 12 ausdrücklich verboten.[6] Dafür wurde betont, dass die «Staatsform... **von der Rechtsgleichheit bestimmt sein müsse (...)**».[7] Mit der Verfassung «wurde nichts weniger als die inhaltliche und zeitlich nicht beschränkte verfassungsgebende Gewalt des Volkes sowie die auf der Rechtsgleichheit beruhende individualistische Demokratie konstituiert.»[8] Niemand ist somit

[6] Alfred Kölz, Quellenbuch zur Neueren Schweizerischen Verfassungsgeschichte, Bern 1992, S. 449.
[7] Alfred Kölz, Neuere Schweizerische Verfassungsgeschichte, Bern 1992, S. 582.
[8] Alfred Kölz, Neuere Schweizerische Verfassungsgeschichte, a.a.O., S. 582.

befugt, Sonderrechte zu schaffen, zu erteilen oder jemandem zu «verschaffen», wie Art. 43 Abs. 1 WRG vorzugeben scheint. Niemand ist zudem auf Sonderrechte angewiesen, um sich im demokratischen Rechtsstaat für seine Rechte zu wehren; auch nicht Inhaber von Wasserrechtskonzessionen.

Aus den erwähnten Gründen ist es unverständlich, wie ein demokratischer Gesetzgeber «wohlerworbene Rechte» im WRG verankern konnte. Solche Rechte sind verfassungsrechtlich ohne Grundlage.[9] Zudem widersprechen sie dem Kerngehalt der Demokratie und den Grundsätzen des Rechtsstaates: Erstens ist das Volk der oberste Gesetzgeber. Zweitens kann unsere Bundesverfassung seit Erlass im Jahre 1848 «jederzeit revidiert werden».[10] Beim WRG-Erlass 1916 war der zitierte Revisionsgrundsatz seit 68 Jahren in Kraft.[11]

Der Versuch, den wohlerworbenen Rechten eine Aura der «Gesetzesbeständigkeit» zu verleihen, gleicht einem Angriff auf die rechtsstaatliche Demokratie mit dem Ziel, den Gesetzgeber auszuschalten und eigenmächtig zu bestimmen, was Recht ist. Es ist stossend, dass das geltende Bundesrecht bei Wasserrechtskonzessionen im Bereich des Naturschutz-, Gewässerschutz- und Umweltrechts – teilweise auch aus Gründen der Rechtsunsicherheit – nicht korrekt angewendet wird, um Entschädigungen wegen Einschränkungen von wohlerworbenen Rechten zu vermeiden. Würden die Bestimmungen des Gewässerschutzgesetzes (GSchG) zu den Restwassermengen im Einzelfall richtig angewendet, könnte die Missachtung dieser Vorgaben auch sanktioniert werden. Denn Wasserkraftbetreiber machen sich strafbar, wenn sie sich nicht an die vorgeschriebenen Dotierwassermengen halten oder zum Schutz des Gewässers unterhalb der Entnahmestelle angeordnete Massnahmen nicht treffen.[12] Geradezu

[9] Enrico Riva, Wohlerworbene Rechte – Eigentum – Vertrauen, Dogmatische Grundlagen und Anwendung auf die Restwassersanierungen nach Art. 80 des eidgenössischen Gewässerschutzgesetzes, Bern 2007, führt aus: «Die wohlerworbenen Rechte sind jedoch kein Begriff des Verfassungsrechts, und es wird ihnen in der Verfassung kein ausdrücklicher Schutz zugesprochen» , S. 70.

[10] Art. 192 Abs. 1 der BV vom 18. April 1999 löste den Art. 118 der BV vom 29. Mai 1874 ab, welcher seinerseits von der ersten schweizerischen BV vom 12. September 1848 übernommen worden war. Er lautete damals als Art 111 BV wie folgt: «Die Bundesverfassung kann jederzeit revidiert werden.», vgl. Alfred Kölz, Quellenbuch zur Neueren Schweizerischen Verfassungsgeschichte, Bern 1992, S. 184.

[11] Vgl. auch Alfred Kölz, Quellenbuch zur Neueren Schweizerischen Verfassungsgeschichte, Bern 1992, S. 184.

[12] Vgl. Art. 70 ff. GSchG. Aus der Praxis sind uns aber keine Verurteilungen bekannt.

ungerecht erscheint, dass sich alle Schweizer Bauherren an das zur Zeit der Baubewilligung geltende Recht halten müssen – ausser offenbar Wasserrechtskonzessionäre: so konnten sich die Ilanzer Kraftwerke für den Bau in den 1980er Jahren auf veraltetes Recht von 1962 berufen[13] – und die entsprechenden Flüsse entgegen den geltenden Bundesrechtsnormen vollständig trockenlegen.

3. Verschaffen Wasserrechtskonzessionen Sonderrechte?

Aufgrund einer durch Verfügung und/oder öffentlichrechtlichen Vertrag begründeten Konzession zwischen der Verleihungsbehörde und dem Konzessionär entsteht ein Rechtsverhältnis mit gegenseitigen Rechten und Pflichten. Sowohl Verfügung wie Vertrag können nur im Rahmen von Gesetz und Verfassung entstehen und Wirkung entfalten. Denn in einem demokratischen Rechtsstaat existieren keine Rechte ausserhalb des geltenden Rechts. Verfassung und Gesetz können einem Konzessionär – mit oder ohne «wohlerworbene Rechte» – nicht mehr garantieren als den Eigentums- und/oder Vertrauensschutz. Alle Rechtssubjekte haben die **gleichen** Eigentumsrechte und Vermögensansprüche gemäss Art. 26 BV. Diese Bestimmung bietet allen Inhaber/innen von Wasserrechtskonzessionen einen ausreichenden Schutz. Für Sonderrechte fehlen nicht nur Gesetzes- und Verfassungsgrundlage – sie sind aufgrund von Art. 8 BV (Rechtsgleichheit) untersagt; sie können auch nicht mittels Konzessionen verschafft werden.

Foto: Der aus den Abflüssen des Eiger-, Guggi- und Giessengletschers gebildete Trümmelbach mit seiner seit über hundert Jahren für den Wanderer erschlossenen Mündungsschlucht ist eine der Sehenswürdigkeiten des Lauterbrunnentals.

[13] Imboden/Rhinow, Schweizerische Verwaltungsrechtsprechung, Basel 1976, S. 96. Im Verfahren um die Ilanzer Kraftwerke (BGE 107 Ib 140 ff.) beriefen sich diese 1981 und 1984 auf die Konzession von 1962, um dieses Kraftwerk ab 1980 zu bauen. Solange mit den Bauarbeiten nicht begonnen wird, ist nicht einzusehen, weshalb für Wasserkraftbetreiber nicht die gleichen Regeln gelten sollten wie für alle anderen Bauwilligen und Investoren; siehe dazu die nachfolgenden Ziff. 7 und 9.

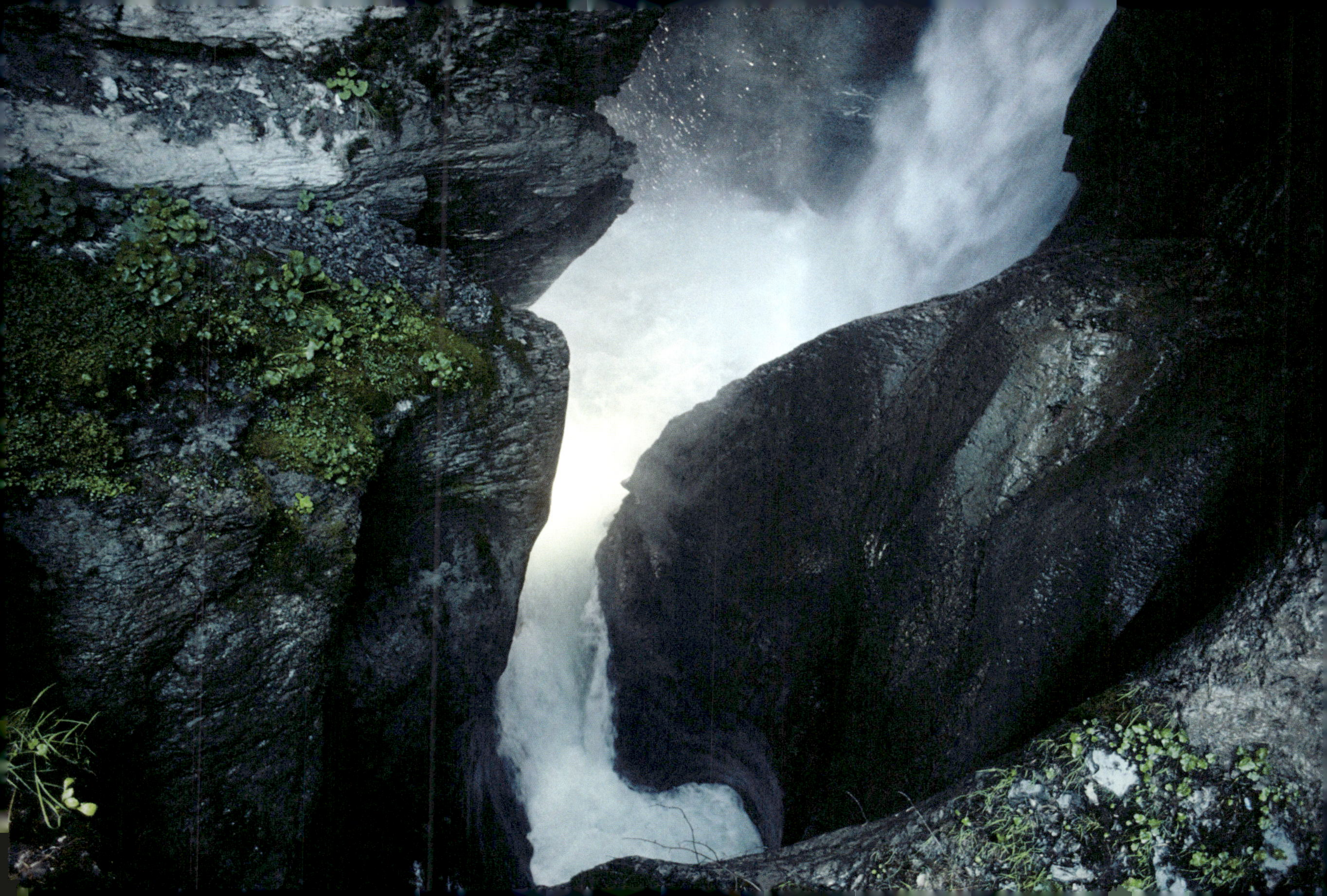

Zu ergänzen ist, dass heute rund 85% des Vermögens der Elektrizitätswerke den Kantonen, Gemeinden und Städten gehört.[14] Weil es sich bei der Stromversorgung um sogenannte **natürliche Monopole** handelt, erweist sich dieses System mit demokratischer Kontrolle auch in volks- und betriebswirtschaftlicher Hinsicht als effizienter, leistungsfähiger und erheblich preisgünstiger als die aus der Privatisierungs- und Liberalisierungswelle entstandenen privaten Strommonopole. In Deutschland schlossen sich die vier privaten Monopolisten[15] innert kurzer Zeit zu Oligopolen zusammen und «teilten» das Land unter sich auf. Sie erhöhten dort die Strompreise 2004 innert Jahresfrist um 274%.[16] Aus diesen negativen Erfahrungen zog die ständerätliche Vorberatungskommission beim Erlass des neuen Stromversorgungsgesetzes (StromVG) vom 23. März 2007 die Lehren und bestimmte im Art. 18 Abs. 3 StromVG: **«Die Netzgesellschaft muss sicherstellen, dass ihr Kapital und die damit verbundenen Stimmrechte direkt oder indirekt mehrheitlich Kantonen und Gemeinden gehören.»**[17]
Zum grössten Teil geht es somit nach wie vor – und auch künftig – um öffentliches Eigentum bzw. um Hoheit über öffentliche Sachen im Gemeingebrauch. Von staatlichen Behörden und öffentlichrechtlichen Institutionen darf erst recht erwartet werden, dass sie sich an die Verfassung halten und in keinem Falle Sonderrechte beanspruchen.

4. Die Verfassung erlaubt keine Sonderprivilegien für «wohlerworbene Rechte»

Der Wasserrechts- und Elektrizitätswirtschaftsbereich mit 13,9 Mrd. CHF Eigenkapital, rasant steigenden Jahreserträgen von über 27,5 Mrd. CHF und einem «verteilbaren Reingewinn» 2005 von über 2,2 Mrd. CHF[18] ist den Kinderschuhen längst entwachsen. Ist ein Wirtschafts-

---

[14] Vernehmlassung/UREK-Ständerat zur Änderung des Elektrizitätsgesetzes und des Stromversorgungsgesetzes (StromVG) zur Organisation der Schweiz. Netzgesellschaft, vom 21. April 2006, S. 9 (Öff. Anteile: 85,05%).

[15] Die Strommonopolisten E.on, RWE, Vattenfall und EnBW sind die grössten in Deutschland; vgl. ZDF-Bericht «Frontal21» vom 6. Dezember 2005, 20.30 Uhr.

[16] vgl. ZDF-Bericht «Frontal21» vom 6. Dezember 2005, 20.30 Uhr.

[17] Eidg. Departement für Umwelt, Verkehr, Energie, Kommunikation (UVEK), Vernehmlassungsverfahren vom 27. Juni 2007, S. 1; beide Parlamentskammern folgten mit grossem Mehr.

[18] Schweiz. Elektrizitätsstatistik, Bundesamt für Energie, Ittigen 2006, S. 43–45.

gebilde von dieser Grösse wirklich noch auf monarchistische Privilegien und Relikte aus der Zeit des Nachtwächterstaates angewiesen, um sich zu behaupten? Auch aus Imagegründen ist die Zeit überfällig, den demokratischen Rechtsstaat mit seinen Verfassungsgrundlagen anzuerkennen. Den Behörden und der Branche insgesamt könnte künftig der Vorwurf erspart bleiben, sie würden sich nicht an die Verfassungsbestimmungen von Art. 76 Abs. 3 BV halten.[19]

Nach Art. 43 Abs. 2 WRG kann «das einmal verliehene Nutzungsrecht ... nur aus Gründen des öffentlichen Wohles und gegen volle Entschädigung zurückgezogen oder geschmälert werden». Die wohlerworbenen Rechte werden in Lehre und Rechtsprechung sowohl dem Vertrauens- als auch dem Eigentumsschutz unterstellt.[20] Worauf sich dieser Schutz verfassungsrechtlich stützt, bleibt jedoch unklar. Unzweifelhaft ist jedenfalls, dass ein solcher Schutz nicht über der Verfassung stehen kann oder gar gegen die Verfassung Bestand hat. Konzessionen zur Wasserkraftnutzung sollten unseres Erachtens dem Eigentumsschutz unterstehen[21], weil die sachenrechtliche Fixierung dominiert (Nutzung öffentlicher Sachen). Dafür spricht auch die Tatsache, dass während über 50 Jahren Gesetzgebung und höchstrichterlicher Rechtsprechung «eine begriffliche Umschreibung der wohlerworbenen Rechte **nicht** gelungen» ist.[22] Der ehemalige Bundesrichter Dubach spricht in seinem Rechtsgutachten zu den wohlerworbenen Rechten sogar von einer «Tautologie» und erklärt: «Die Einführung des Wortes «wohlerworben» in Art. 43 Abs. 1 WRG könnte allenfalls als **Fiktion** gedeutet werden ... mit dem Ziel verbunden, einen Sachverhalt absichtlich anders zu charakterisieren, als er in Wirklichkeit ist, um auf diese Weise eine gewisse gewollte Rechtsfolge sicherzustellen.»[23] Unabhängig von der rechtlichen Einordnung dürfen die «wohlerworbenen» Rechte gegenüber anderen Tat-

---

[19] Beim Kraftwerk Ilanz II wurde im BGE 107 Ib 140 ff. die Restwassermenge «Null» bewilligt, obwohl die «Sicherung angemessener Restwassermengen» im Art. 24bis alt BV bzw. heute in Art. 76 Abs. 3 BV ausdrücklich verankert ist. Kölz kritisierte, dass dieser Entscheid das Legalitätsprinzip missachte (siehe ZSR 102/1983 II, S. 180). Nicht zu den «schwarzen Schafen» gehört z.B. die Rätia Energie AG in Cavaglia/GR, die angemessene Restwassermengen laufen lässt.

[20] Ausführlich dazu Riva, a.a.O., S. 69 ff. Repräsentativ Peter Liver, Die ehehaften Wasserrechte in der Schweiz, in: Festschrift zum 70. Geburtstag von Paul Gieseke, Karlsruhe 1958, S. 231 ff.; Dominik Strub, Wohlerworbene Rechte insbesondere im Bereich des Elektrizitätsrechts, Diss. Freiburg 2001, S. 204; Urteil des Bundesgerichts vom 24. März 2003, Nr. 2P.256/2002, E. 3 (Aa); VGer. AG, Entscheid vom 6. September 1983, AGVE 1983, S. 164–173, 167 f. E. 3b (Bad Schinznach).

[21] Art. 43 WRG müsste dahingehend geändert werden.

[22] Werner Dubach: Die wohlerworbenen Rechte im Wasserrecht, Rechtsgutachten über die Zulässigkeit und die Folgen von Eingriffen in verliehene und ehehafte Wassernutzungsrechte, Bern, November 1979, Bundesamt für Wasserwirtschaft, S. 15.

[23] Werner Dubach a.a.O., S. 17.

beständen des Eigentums- und des Vertrauensschutzes ohnehin nicht privilegiert werden.[24] «Der Schutz kann nicht weiter gehen als das, was die beiden Grundrechte an Schutzwirkung zu entfalten vermögen.»[25]

Gemäss Dubach fallen auch die «ehehaften» Wasserrechte, die nicht als wohlerworbene Rechte qualifiziert werden, unter die Eigentumsgarantie. Bei den ehehaften Rechten handelt es sich um private Rechte an öffentlichen Sachen, die wie andere private subjektive Rechte zu behandeln sind. Der Gesetzgeber kann daher die ehehaften Rechte wie das Eigentum jederzeit inhaltlich neu umschreiben.[26] Zu einer Entschädigung kommt es, wie in anderen vergleichbaren Fällen auch, wenn der Eingriff im konkreten Fall zu einer formellen oder materiellen Enteignung im Sinne von Art. 26 BV führt.[27] Die Wasserkraftwerkinhaber sind somit in ihren Eigentumsrechten im Rahmen des Bundesrechts geschützt; sie werden gemäss Art. 26 Abs. 2 BV bei allfälligen «Eigentumsbeschränkungen, die einer Enteignung gleichkommen, … voll entschädigt». Mehr als eine volle Entschädigung kann auch bei Einschränkungen «wohlerworbener Rechte» nicht möglich sein.[28]

5. Eigentumsgarantie und Grenzen privatrechtlicher Rechtspositionen

Das Eigentumsrecht als dingliches Vollrecht räumt dem Eigentümer weitgehende Herrschaftsrechte über eine private Sache ein. Es wird jedoch gemäss Art. 641 Abs. 1 des Schweizerischen Zivilgesetzbuches (ZGB) durch die Schranken der Rechtsordnung begrenzt. Dazu

[24] Riva, a.a.O., S. 123 f.
[25] Riva, a.a.O., S. 127.
[26] Dazu Riva, a.a.O., S. 49 f. «Der Gesetzgeber ist frei, die das Eigentum betreffenden gesetzlichen Regelungen abzuändern, sofern er die von der Verfassung aufgestellten Schranken (Institutsgarantie sowie öffentliches Interesse, Verhältnismässigkeit und unter Umständen Entschädigung) wahrt.» (S. 50).
[27] Werner Dubach, a.a.O., S. 138.
[28] Vgl. Art. 43 Abs. 2 WRG.

Foto: Blick von den Hängen des Gemsspitz, 3182 m, auf den Tiefmattengletscher westlich von Zermatt. Auch dieses Hauptnährgebiet des Zmuttgletschers ist in den letzten Jahrzehnten stark geschrumpft.

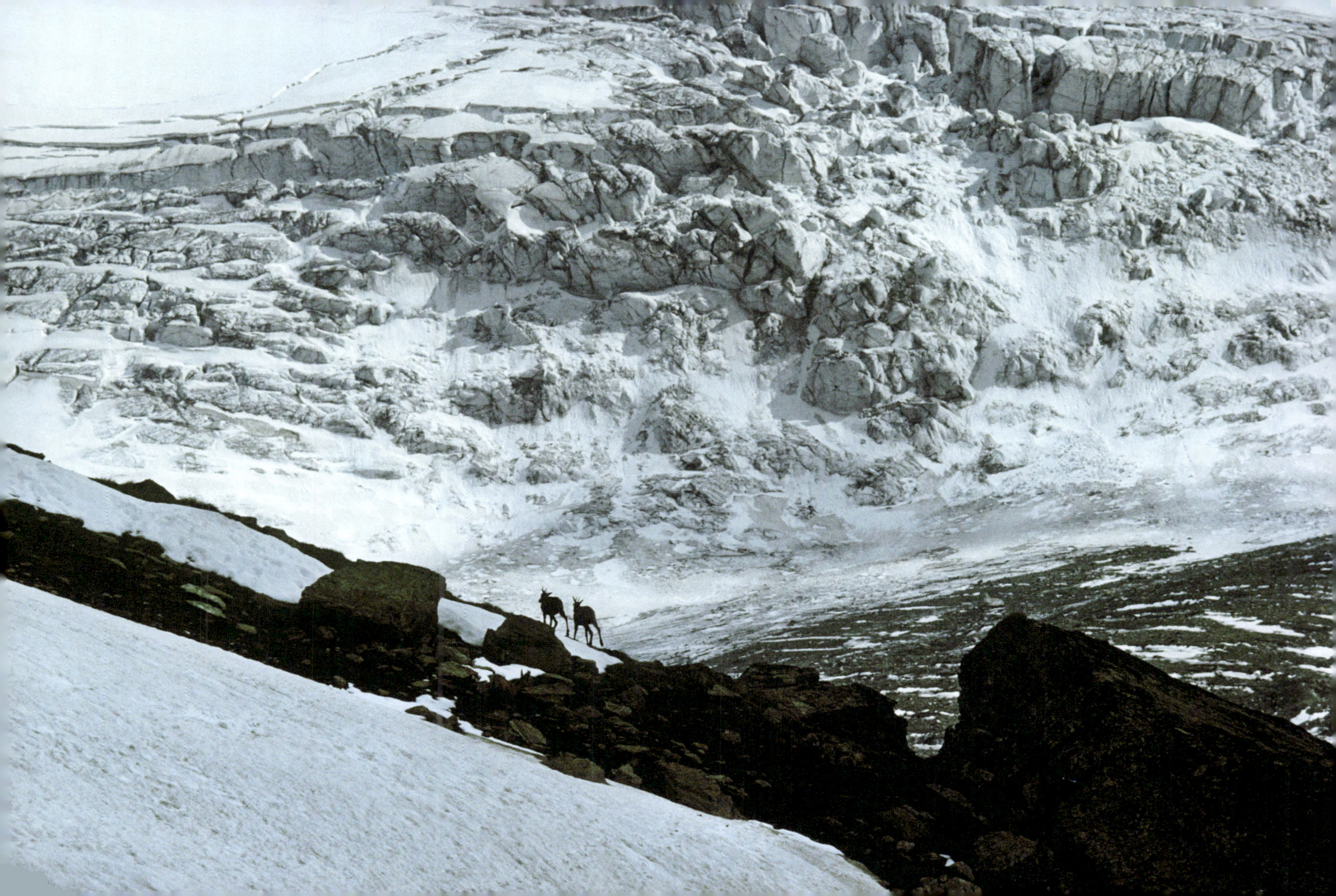

gehören vor allem auch Einschränkungen im öffentlichen Interesse, so z.B. die Haftung des Werkeigentümers für Schäden bei Werkmängeln nach Art. 58 Obligationenrecht (OR), das freie Zutrittsrecht zu Weide, Wald und Bergland gemäss Art. 699 ZGB, Einschränkungen in Baugesetzen sowie Massnahmen zum Schutz von Umwelt, Natur und Landschaft. Eigentumsbeschränkungen sind dann entschädigungspflichtig, wenn sie einer Enteignung gleichkommen (Art. 26 BV).

Im Privatrecht besteht Vertragsfreiheit, doch kann der Inhalt eines Vertrages aufgrund von Art. 19 Abs. 1 OR nur **innerhalb der Schranken des Gesetzes** beliebig festgestellt werden. Im Gegensatz zu dinglichen Rechten sind obligatorische Rechte der Verjährung unterworfen. Beispielsweise sind Verträge zeitlich befristet, weil ewige Verträge die Selbstbestimmungs- und Wirtschaftsfreiheit der Parteien sowie die Innovationschancen zu stark einschränken würden. Dasselbe gilt für Konzessionsverträge, wie das Bundesgericht entschieden hat.[29] Denn einerseits sind wasserrechtliche Konzessionsverträge bundesrechtlich auf 80 Jahre[30] befristet; anderseits ist kein Rechtsgrund ersichtlich, warum öffentlichrechtliche Konzessionsverträge gegenüber privaten Verträgen zeitlich zu privilegieren wären.

6. Bereicherungsverbot und Vorteilsanrechnung

Im Privatrecht ist der Grundsatz des Bereicherungsverbots fundamental; er bildet die absolute Obergrenze für erlittene Einbussen bei einem Schadenersatzanspruch,[31] «denn der Schadenersatz darf nicht zur Bereicherung des Geschädigten führen».[32] Der **Grundsatz der Vorteilsanrechnung**[33] gilt nicht nur im Haftpflichtrecht, sondern im auch Mietrecht,[34] im

[29] Vgl. BGE 127 II 69 ff.
[30] Art. 58 WRG.
[31] Dazu Heinz Rey, Ausservertragliches Haftpflichtrecht, 3. Aufl., Zürich 2005, N. 13.
[32] Karl Oftinger, Schweizerisches Haftpflichtrecht, Band I, Zürich 1975, S. 178, 261; BGE 49 II 247; vgl. zur Vorteilsanrechnung und Vorteilsausgleichung: Karl Oftinger/Emil W. Stark, Schweizerisches Haftpflichtrecht I, Allg. Teil, 5. Aufl., Zürich 1995, § 6 N. 49 ff.; zur Vorteilsanrechnung auch Rey, a.a.O., N. 211.
[33] «Vermögensvorteile» ... sind...«grundsätzlich anzurechnen.», vgl. Anton K. Schnyder, in: Basler Kommentar, Obligationenrecht I, Heinrich Honsell/Nedim Peter Vogt/Wolfgang Wiegand (Hrsg.), 3. Aufl. Basel 2003, Art. 42 N. 7 ff. und Art. 45 N. 17.
[34] Vgl. Art. 264 Abs. 3 OR; Basler Kommentar, a.a.O., Art. 264 OR N. 8 ff.

Krankenversicherungsrecht[35] sowie im Arbeitsrecht.[36] So kann die «Pauschalentschädigung... herabgesetzt werden, wenn der Arbeitnehmer... nachweist, dass dem Arbeitgeber kein oder nur ein geringerer Schaden erwachsen ist».[37] Das Bundesgericht hat bei einer Wasserkraftsanierung 1995 entschieden, dass «durch den Gewinn aus der Nutzung» einer Nebenanlage unter Umständen «auch Sanierungsmassnahmen bei der bestehenden Anlage für den Betreiber eher zumutbar» sind. Dies entspricht im Ergebnis einer Vorteilsanrechnung.[38] Bei der Prüfung der wirtschaftlichen Tragbarkeit einer Gewässersanierung ist zudem auch zu prüfen, inwiefern die entstehenden Kosten auf die Energieabnehmer überwälzt werden können, weil der Betreiber bei steigenden Strompreisen unter Umständen objektiv gar keine Einbussen erleidet,[39] sondern eventuell einen noch grösseren Jahresgewinn verbuchen kann.

Das für den Staat und für Private geltende Prinzip von Treu und Glauben[40] verbietet es den Rechtssubjekten, dass sie (nur) allfällige Vermögenseinbussen geltend machen und gleichzeitig Tatsachen unterdrücken oder jemanden arglistig irreführen, um «sich oder einen andern unrechtmässig zu bereichern».[41] Wer diese Grenze überschreitet, gerät mit dem Strafrecht in Konflikt. Es gibt somit weder einen Grund noch eine Rechtsgrundlage, um jemanden von der Pflicht, nach Treu und Glauben zu handeln, zu befreien: Bei allfälligen Vermögenseinbussen muss auch ein «bewirkter Vorteil, als Aktivum» berücksichtigt werden, um es «vom Schaden abzuziehen, oder... dem Geschädigten zugunsten des Haftpflichtigen anzurechnen».[42] Die Konzessionsinhaberin kann einerseits alle ertragsvermindernden Eingriffe geltend machen, muss sich anderseits aber auch die erzielten Erträge, Gewinne und Amortisationen anrechnen lassen. So kann die Einbusse korrekt berechnet und nach Art. 26 BV entschädigt werden.

[35] Siehe Art. 70 Abs. 4 des Krankenversicherungsgesetzes.

[36] Vgl. Art. 324 Abs. 2 OR; Manfred Rehbinder/Wolfgang Portmann, in: vgl. Basler Kommentar, a.a.O., Art. 324 N. 10 und Art. 337c Abs. 2 OR, vgl. Basler Kommentar, a.a.O., Art. 337c N. 3.

[37] Manfred Rehbinder, Schweizerisches Arbeitsrecht, 15. Aufl. 2002, S. 174 N. 369 zu Art. 337d Abs. 2 OR; Rehbinder/Portmann, in: Basler Kommentar, a.a.O., Art. 337d OR N. 3 ff.; vgl. auch ZGB, Art. 527, 535, 612a, 613, 613a, 619, 626, 628 und OR, Art. 85–87, 172, 293, 428, 628, 641, 778, 781 und 883.

[38] Urteil BGer v. 10. Juli 1995 (Simmentaler Kraftwerke), in: Bernische Verwaltungsrechtsprechung (BVR) 1996, S. 254 und Umweltrecht in der Praxis (URP) 1996, S. 235; Besprechung bei Riva, a.a.O., S. 59.

[39] Riva, a.a.O., S. 165 f. und 175. Da die Durchschnittspreise von 2,8 Rp./kWh (1999) auf 12,4 Rp./kWh (2006) gestiegen sind, wurden erheblich grössere Gewinne statt Einbussen geschrieben (vgl. Europ. Strombörse EEX, Preisentwicklung 1998–2006, Schweiz. Elektrizitätsstatistik 2005, S. 48). Wer objektiv keinen Schaden erlitten hat, kann und darf diesen Sachverhalt bei der Abwägung der sich widersprechenden Interessen wohl kaum ausblenden.

[40] Art. 5 Abs. 3 und Art. 9 BV.

[41] Betrug gemäss Art. 146 Strafgesetzbuch (StGB); vgl. Gunther Arzt, in: Basler Kommentar, Marcel A. Niggli/Hans Wiprächtiger (Hrsg.), Strafgesetzbuch II, Basel 2003, Art. 146 N. 43.

[42] Oftinger, a.a.O., S. 178.

7. Konzessionen für Wasserrechte sind in jedem Fall befristet

Bezüglich demokratischer Gesetzgebung und Rechtssicherheit im Bereich wohlerworbener Rechte sind die Kantone Bern und Thurgau dem Bund voraus. Mit vorbildlicher Klarheit bestimmt der Kanton Thurgau in § 32 des Wassernutzungsgesetzes[43] 1999: **«Konzessionen und Bewilligungen, die vor Inkrafttreten dieses Gesetzes auf unbestimmte Dauer erteilt wurden, sind bis Ende 2010 befristet.»** Obwohl diese Regelung bereits seit dem Jahre 2000 in Kraft ist, sind diesbezüglich keine negativen Erfahrungen bekannt. Im Kanton Bern[44] kann die zuständige Behörde ehehafte Rechte[45] aufgrund von Art. 6 des Wassernutzungsgesetzes entziehen.[46]

Bei den seit langem bestehenden Wasserrechtskonzessionen sind Dauersachverhalte an das neue Recht anzupassen. Dafür wurden bewährte Instrumente wie Übergangsregelungen, Anpassungsfristen und Entschädigungsansprüche bei Enteignungen usw. geschaffen.[47] Im öffentlichen Recht kommt dazu, dass Bundesgesetze, die zum Schutz von Gewässern, Natur und Landschaft erlassen wurden, grundsätzlich zwingend sind,[48] weil hier oft noch Gründe des öffentlichen Wohls, z.B. Sicherheits- und Gesundheitsgründe, zu beachten sind.[49] Auch das Bundesgericht hat im Entscheid BGE 131 I 321 ff. (2003) eine Abkehr vom Anspruch auf Gesetzesbeständigkeit angedeutet.[50]

Wegen des Grundsatzes der Unveräusserlichkeit öffentlicher Gewalt können keine wohlerworbenen Rechte auf ewige Sondernutzung öffentlicher Sachen begründet werden. Gemäss Art. 58 WRG ist die Konzessionsdauer auf maximal 80 Jahre befristet. Auch die auf vertraglicher Vereinbarung beruhenden privaten Verträge können nicht unbefristet vereinbart

---

[43] Wassernutzungsgesetz des Kantons Thurgau vom 25. August 1999 (RB 721.80). Laut Auskunft der kantonalen Verantwortlichen soll § 32 auch auf ehehafte Rechte angewendet werden. Die Bezahlung von Entschädigungen ist nicht geplant. Diese Bestimmung sowie die geplante Anwendung sind auf Grund der obigen Bestimmungen als bundesrechtskompatibel zu betrachten.

[44] Das Wassernutzungsgesetz des Kantons Bern vom 23. November 1997 (BSG 752.41) bestimmt im Art. 6: «Haben privatrechtlich Berechtigte das Interesse an der Nutzung verloren oder steht diese öffentlichen Nutzungsinteressen entgegen, kann die...» Bau-, Verkehrs- und Energiedirektion «...das Recht durch Verfügung aufheben.»

[45] Gemäss Isabelle Blunschy Scheidegger, Kommentar zum bernischen Wassernutzungsgesetz, Bern 2003, S. 47 f., wird das Gemeinwesen allerdings entschädigungspflichtig. Dagegen ist auch nichts einzuwenden, wenn der Eingriff im öffentlichen Interesse zu Eigentumsbeschränkungen führt, die im Sinne von Art. 26 Abs. 2 BV einer Enteignung gleichkommen.

[46] Bei Nichtunterhalten der vorhandenen Nutzungsanlagen oder bei Fehlen von wesentlichen Anlageteilen während fünf Jahren oder mehr kann von einer erhärteten Vermutung ausgegangen werden, dass das Nutzungsinteresse nicht mehr besteht, dazu Blunschy Scheidegger, Kommentar, a.a.O., S. 46, mit weiteren Hinweisen.

[47] Riva, a.a.O., S. 38 f. mit weiteren Verweisen auf die Literatur, S. 79 f.

[48] Vgl. dazu z.B. Ulrich Häfelin/Georg Müller/Felix Uhlmann, Allgemeines Verwaltungsrecht, 5. Aufl., Zürich 2006, N. 251.

[49] Zu den regulatorisch motivierten Eingriffen auch Riva, a.a.O., S. 104 ff. mit Verweisen auf die Rechtsprechung.

[50] «Geschützt ist...nur die Substanz des wohlerworbenen Rechts, nicht dessen Ausübung, die durch die jeweilige Rechtsordnung bestimmt wird.», so BGE 131 I 321 ff., E. 5.3, S. 327; dazu Riva, a.a.O., S. 52. Was auch immer unter «Substanz» subsumiert wird, alle Rechtsansprüche gelten nur im Rahmen der erwähnten Verfassungsbestimmungen.

werden. Aus diesen Gründen sind auch Wasserrechtskonzessionen zwingend zu befristen. An diesem Grundsatz hielt das Bundesgericht in seiner neueren Rechtsprechung auch für alte, im 19. Jahrhundert verliehene Konzessionen ohne ausdrückliche Befristung fest. Das oberste Gericht bestimmte, dass sich «nach einer Konzessionsdauer von 134 Jahren»…«die Frage der Amortisation der Anlagen» nicht mehr stellte.[51] Das Gemeinwesen hat das Recht, nach einer gewissen Dauer zu überprüfen, ob die Sondernutzung noch mit den öffentlichen Interessen im Einklang steht. Sofern die Konzession nicht aufgelöst wird, muss im Falle einer Neukonzession oder Konzessionserneuerung das geltende Bundesrecht unverzüglich angewendet werden.[52]

8. Das Schweizer Volk ist der höchste Gesetzgeber

Es zeigt sich, dass auch privatrechtliche Positionen aus Eigentum oder Vertrag im Rahmen des geltenden Rechts begrenzt sind. In keinem privatrechtlichen Fall wird ersichtlich, dass eine Partei über irgendwelche Sonderrechte verfügen würde. Wie man in einem demokratischen Rechtsstaat Instrumente wie «wohlerworbene Rechte» erfinden und diesen noch den vordemokratischen Begriff der angeblichen «Gesetzesbeständigkeit» darüber stülpen kann, ist weder aus privat- noch aus öffentlichrechtlicher Sicht nachvollziehbar.[53] «Gesetzesbeständig» bedeutet, man verfügt über ein «höheres Recht» als die Legislative. Da wie bereits erwähnt das Schweizer Volk der höchste Gesetzgeber ist, heisst dies, dass sich Inhaber von «gesetzesbeständigen oder wohlerworbenen» Rechten anmassen, «über dem Gesetzgeber» zu stehen.

[51] Siehe BGE 127 II 69 ff., E. 6 (Zitat).
[52] Riva, a.a.O., S. 138, 193 f.
[53] Gemäss Riva, a.a.O., «gibt es im schweizerischen Recht keine vermögenswerten Positionen, die von der Wirkung neuer Gesetze prinzipiell abgeschirmt wären». (S. 130); er spricht von einer «beschränkten Gesetzesfestigkeit» (S. 128).

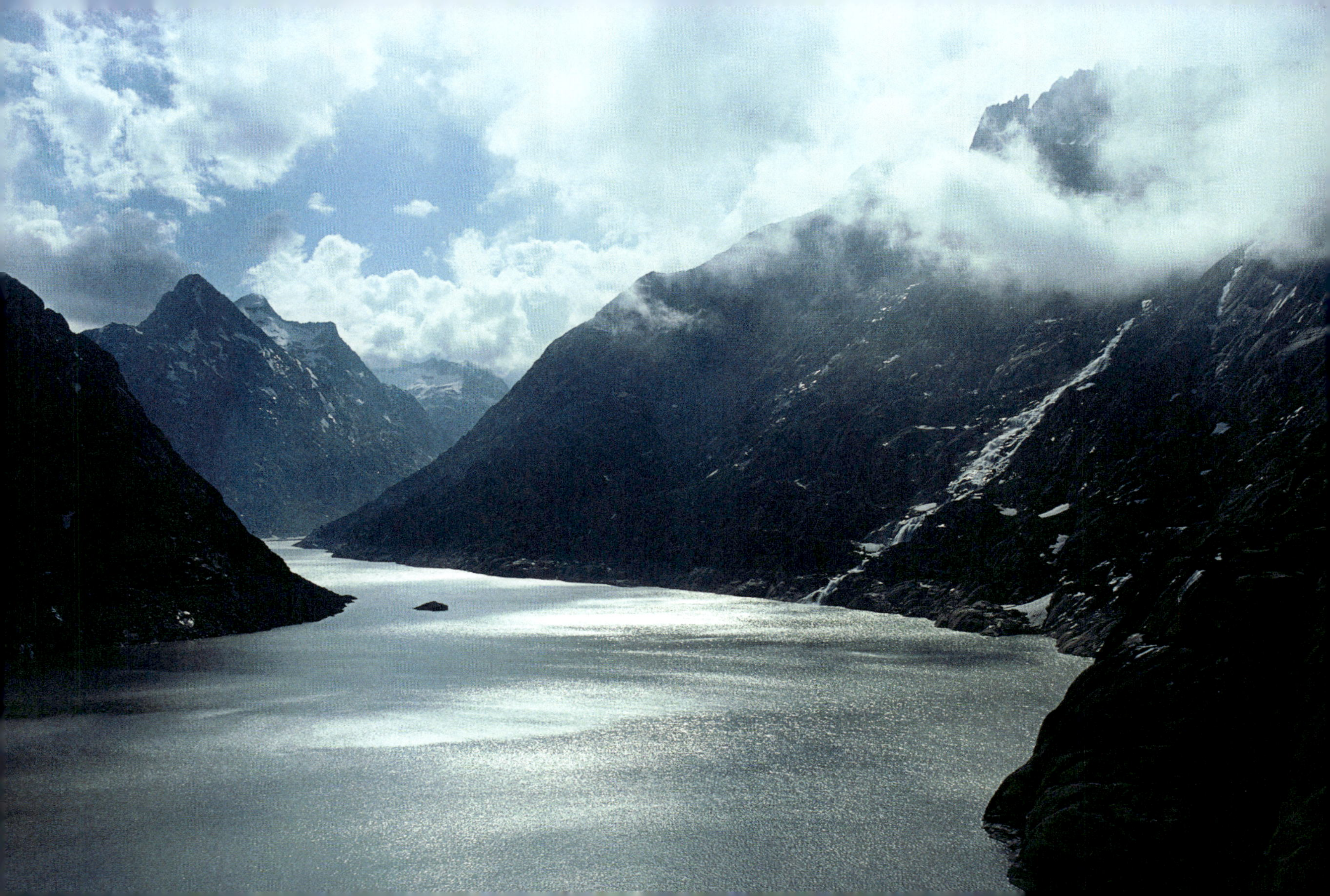

Für die angebliche «Gesetzesbeständigkeit» von wohlerworbenen Rechten zur Nutzung öffentlicher Sachen fehlt seit 1848 jegliche Verfassungsgrundlage.[54] Genau das gegenteilige Prinzip ist fundamental für einen demokratischen Rechtsstaat: Wenn die Bundesverfassung seit dem 12. September 1848[55] «jederzeit revidiert werden» kann, können selbstverständlich auch sämtliche Gesetze jederzeit abgeändert werden, weil sie einer verfassungsmässigen Grundlage bedürfen.[56] Es gibt somit keinen Rechtsanspruch auf eine einmal gegebene Rechtsordnung. In diesem Sinne darf unseres Erachtens auch nicht von einer «beschränkten Gesetzesbeständigkeit»[57] gesprochen werden, weil dafür weder eine Verfassungsgrundlage existiert noch ein öffentliches Interesse an einer Beschränkung des obersten Gesetzgebers besteht.

Der Gesetzgeber soll im Rahmen der Verfassung über die notwendige Handlungsfreiheit verfügen, um gewandelte öffentliche Interessen mit regulatorischen Eingriffen bestmöglich wahrzunehmen.[58] Eingriffe in wohlerworbene Rechte müssen wegen des Schutzes durch die Eigentumsgarantie und des Vertrauensschutzes – wie in vergleichbaren Fällen auch – auf gesetzlicher Grundlage beruhen, im öffentlichen Interesse stehen und verhältnismässig sein.[59]

Unter allen Aspekten unseres demokratischen Rechtsstaates ist es deshalb nicht nachvollziehbar, warum wohlerworbene Rechte eine stärkere Position als Eigentumsrechte verschaffen und sogar eine Art «Widerstandsrecht» gegen den obersten Gesetzgeber, das heisst das Volk, erlauben sollten. Selbst wenn man dafürhält, wohlerworbene Rechte aus Wasserkraft-

Foto: Eine Erhöhung der Speicherkapazität des Grimselstausees ist seit Jahren im Gespräch.

[54] Vgl. oben Ziff. 2 FN 10 und 11 (Art. 111 der BV von 1848; Art. 118 der BV von 1874 und Art. 192 Abs. 1 BV). Kritik am Begriff der Gesetzesbeständigkeit bei Riva, a.a.O., S. 51 f., 89, 91, 106.
[55] Vom 12. September 1848 bis am 29. Mai 1874 war dieser Revisionsgrundsatz in Art. 111 BV verankert. Von da an galt er gemäss Art. 118 BV bis zur Inkraftsetzung des heutigen Art. 192 Abs. 1 BV.
[56] Ein Makel ist allerdings die noch immer fehlende Verfassungsgerichtsbarkeit für Bundesgesetze aufgrund von Art. 190 BV.
[57] So Riva, a.a.O., S. 128.
[58] Dazu Riva, a.a.O., S. 79, 88 und 91 f. Gemäss Riva erklärte das Bundesgericht schon im Jahre 1879, «es bestehe kein wohlerworbenes Recht auf Bestand der (einmal gegebenen) Rechtsordnung» (S. 92 mit Verweis auf BGE 5 388, E. 4, S. 397).
[59] Art. 36 BV; ferner Riva, a.a.O., S. 98.

konzessionen seien nach dem Prinzip von Treu und Glauben statt nach der Eigentumsgarantie zu beurteilen, kommt man bei der Frage der Entschädigung nicht um die Abwägung zwischen dem öffentlichen Interesse an der Durchsetzung des Gewässerschutzes und dem privaten Interesse des Konzessionärs an Gewinnmaximierung herum.[60] Zu erwähnen ist, dass bei Eingriffen in wohlerworbene Rechte Entschädigungslosigkeit den Regelfall darstellt.[61] Angesichts der Tatsache, dass sich 85% der Wasserkraftkonzessionäre in öffentlicher Hand befinden,[62] darf und muss vom Staat erst recht erwartet werden, dass er das geltende Recht ausnahmslos respektiert.

Enthalten Konzessionsverträge — aufgrund der bis im Dezember 1975 geltenden Verfassungsbestimmung von 1908 — Vorbehalte künftiger Gesetzesänderungen wie z.B. im Fall Ilanz, so sind diese Vorbehalte stets zu beachten. Denn niemand kann sich gutgläubig auf Vertrauensschutz, «wohlerworbene» und «gesetzesbeständige Rechte» berufen, wenn er zur Erlangung der Konzession unterschriftlich bekräftigt hat, **künftige Gesetzesänderungen zu akzeptieren.** Von unbeschränktem Vertrauen und Zusicherungen kann und darf keine Rede mehr sein, wenn bei der Konzessionserteilung Gesetzesvorbehalte gemacht wurden.[63] Solche Vorbehalte können nicht nur, sondern sie müssen die Entstehung wohlerworbener Rechte in jedem Fall verhindern.[64] Anders entscheiden würde einerseits bedeuten, den klar geäusserten Willen des Gesetzgebers zu missachten. Andererseits würde das nachträgliche Ignorieren eines Vorbehalts den gutgläubigen Konzedenten täuschen und den (ev. mit Täuschungsabsicht handelnden) Konzessionär nachträglich noch honorieren...

---

[60] Zu dieser notwendigen Interessenabwägung Näheres bei Riva, a.a.O., S. 79, 85, 89.
[61] Riva, a.a.O., S. 108 f.
[62] Vgl. Vernehmlassung der ständerätlichen UREK zum Stromversorgungsgesetz (StromVG) vom April 2006, S. 11.
[63] Dazu Riva, a.a.O., S. 102 f.
[64] Siehe Riva, a.a.O., S. 101 ff. Insbesondere, wenn konkrete und spezifisch formulierte Vorbehalte bezüglich Anpassung der Restwassermengen erfolgten.

Öffentliche Naturgüter wie grössere Seen, Flüsse und insbesondere Bergbäche stehen im Gemeingebrauch und unter der Hoheit der territorial betroffenen Kantone bzw. Gemeinden gemäss Art. 664 Abs. 1 ZGB. Es kann nicht angehen, dass die oft der öffentlichen Hand gehörenden Energiekonzerne diese öffentlichen Güter unter Missachtung der Restwasserbestimmungen nutzen, um grössere Gewinne zu verbuchen. Ebenso unzulässig ist es, die Gewinne einerseits nicht als Vorteil anrechnen zu lassen – aber anderseits für geringfügige Einschränkungen volle Entschädigung zu verlangen. Solche «Lösungen» sind dem Geist unseres demokratischen Rechtsstaates fremd.[65]

9. Wasserrecht: «künftige Bundesgesetzgebung ist vorzubehalten»

Leider berücksichtigte das Bundesgericht die erwähnten staats- und verfassungsrechtlichen Grundsatzfragen 1981 und 1984 beim Ilanzer-Entscheid[66] nicht, als das oberste Gericht damals zuliess, die Seitenflüsse des Vorderrheins – entgegen dem klaren Wortlaut von alt Art. 24bis Abs. 2 lit. a BV bzw. heute Art. 76 Abs. 3 BV mit der «Sicherung angemessener Restwassermengen» – vollständig trockenzulegen. Statt das damals geltende Bundesrecht verfassungskonform auszulegen, zauberte ein Bundesrichter aus einem betroffenen Kanton die fragwürdige «Substanztheorie» zur Verteidigung der sogenannten wohlerworbenen Rechte aus dem Hut. Der in der Lehre stark kritisierte Entscheid fiel mit 3:2 Stimmen knapp aus.[67]

Da die Nordostschweizerischen Kraftwerke (NOK) in diesem Fall Partei waren, wäre es angebracht gewesen, wenn der erwähnte Bundesrichter aus einem grossen NOK-Kanton in den Ausstand getreten wäre. Verfassungsrechtlich wenig überzeugend war die Anwendung

[65] Im privaten Versicherungsrecht würden z.B. solche «Lösungen» unweigerlich zum Konflikt mit dem Strafrecht führen, wenn ein «bewirkter Vorteil als Aktivum» bei der Schadensberechnung nicht berücksichtigt würde; was für Private unter Strafandrohung verboten ist, kann und darf der Staat ebenso wenig für sich beanspruchen, vgl. dazu die Ausführungen unter Ziff. 6 sowie Oftinger, a.a.O., S. 178.

[66] BGE 107 Ib 140 ff.; Dieses Urteil war schon anlässlich der Beratung im Bundesgericht stark umstritten: zwei von fünf Richtern waren der Ansicht, dass auch die nach Konzessionserteilung in Kraft getretenen Bundesgesetze ohne Einschränkung auf den vorliegenden Fall anwendbar waren: vgl. dazu Strub, a.a.O., S. 132.

[67] Siehe Kölz, in: ZSR 1983 II, S. 180/181 und Strub, a.a.O., S. 133 f.

der (sachfremden) Substanztheorie, die weder im WRG noch im eidg. Gewässerschutzgesetz (GSchG) noch in der entsprechenden Bestimmung der BV enthalten ist. Wenn eine Bundesrechtsbestimmung nicht klar erscheint, sollte sie nach Lehre und Rechtsprechung verfassungskonform ausgelegt werden.[68] Im Ilanzer-Entscheid (Ilanz II) wurde mit der «Restwassermenge Null» das Gegenteil des im Art. 24bis alt BV bzw. heute Art. 76 Abs. 3 BV enthaltenen Grundsatzes der «angemessenen Restwassermengen» beschlossen. Weil der Konzessionär schon früher erteilte Wassernutzungsrechte für lange Zeit gar nicht ausgeübt hatte, war der Vertrauensschutz in keiner Weise gerechtfertigt. In einem solchen Fall sollte der Konzessionär die zum Zeitpunkt der Realisierung der Wassernutzungsrechte vorgeschriebenen Restwassermengen strikt einhalten müssen.[69]

Mit diesem Urteil wurde der Grundsatz der Gesetzesmässigkeit bei der Anwendung des neuen Rechts «verletzt und das öffentliche Interesse erheblich zurückgedrängt», stellte Kölz fest.[70] Der Entscheid widerspricht nicht nur der ratio legis und dem Wortlaut von Art. 76 Abs. 3 BV bzw. Art. 24bis alt BV, sondern auch dem klaren Verfassungsauftrag seit 1908. Denn schon **vor** der verfassungsmässig festgelegten **«Sicherung angemessener Restwassermengen»** im Art. 76 Abs. 3 BV bzw. Art. 24bis alt BV[71] schrieb die BV von 1908 ausdrücklich vor: **«In allen Wasserrechtskonzessionen,** die nach Inkrafttreten dieses Artikels erteilt werden, **ist die künftige Bundesgesetzgebung vorzubehalten.»**[72] Spätestens seit 1908 bietet die Bundesverfassung keine Grundlage mehr, um gegen deren klaren Wortlaut Sonderrechte wie wohlerworbene Rechte als «gesetzesbeständige» Rechte in Wasserrechtskonzessionen zu begründen und durchzusetzen.

---

[68] Zur verfassungskonformen Auslegung siehe Häfelin/Müller/Uhlmann, a.a.O, N. 230 ff. mit weiteren Verweisen.

[69] Berechtigte Kritik dieses Urteils bei Riva, a.a.O., S. 65, 117.

[70] Alfred Kölz kritisierte, dass das damals geltende neue Bundesrecht, wie das eidg. Fischereigesetz, Natur- und Heimatschutzgesetz usw. in BGE 107 Ib 140 ff. nicht beachtet wurde und damit das Legalitätsprinzip missachtet werde; vgl. ZSR 102/1983 II, S. 180 (Zitat) und S. 181. Es wurde die Restwassermenge «Null» bewilligt, obwohl die «Sicherung angemessener Restwassermengen» im Art. 24bis alt BV bzw. heute in Art. 76 Abs. 3 BV ausdrücklich verankert ist.

[71] Am 7. Dezember 1975 stimmte das Schweizer Volk für einen neuen Verfassungsartikel 24bis BV, zur Nutzbarmachung der Wasserkraft. Im Abs. 2 lit. a von Art. 24bis alt BV (Art. 76 Abs. 3 BV) wurde die «Sicherung angemessener Restwassermengen» ausdrücklich festgehalten; vgl. Alfred Kölz, Quellenbuch zur Neueren Schweizerischen Verfassungsgeschichte, Bern 1996, S. 421.

[72] Am 25. Oktober 1908 stimmte das Schweizer Volk mit 304923 gegen 56237 Stimmen für einen neuen Verfassungsartikel 24bis BV zur Nutzbarmachung der Wasserkraft. Dieser Art. wurde sogar rückwirkend auf 1904 in Kraft gesetzt; vgl. Kölz, Quellenbuch zur Neueren Schweizerischen Verfassungsgeschichte, Bern 1996, S. 203/204; vgl. auch Walther Burckhardt, Kommentar der Schweiz. Bundesverfassung, Bern, 2. Aufl. 1914, S. 209 ff.

Mit dem selektiven und willkürlichen Kunstgriff auf die Konzessionsverträge von 1962 wurde im Fall Ilanz das Legalitätsprinzip verletzt, wie Kölz[73] kritisierte. Wenn schon auf altes Recht (hier 1962 statt 1981 bzw. 1984) zurückgegriffen wird, sollte dies auch konsequent erfolgen und alle Gesetzes- und Vertragsbestimmungen einschliessen. In den Konzessionsverträgen von 1962, im Genehmigungsentscheid der Bündner Regierung und im damals geltenden Verfassungsauftrag von 1908 war wörtlich verankert, dass «die künftige Bundesgesetzgebung vorzubehalten» ist. Und genau das wurde mit diesem Entscheid missachtet...

Interessant und rechtlich aufschlussreich ist ein Kommentar zu Art. 24bis Abs. 8 alt BV vom 25. Oktober 1908: «Abs. 8 verlangt, dass in allen Wasserrechtskonzessionen, die nach dem Inkrafttreten des Verfassungsartikels erteilt werden, die künftige Bundesgesetzgebung vorzubehalten sei; er wahrt dieser Bundesgesetzgebung die Möglichkeit, auf den Zeitpunkt des 25. Oktober 1904 zurückzuwirken. Den Wasserrechtskonzessionen sind auch hier die Benutzungsrechte überhaupt gleichzustellen, da bei andern Benutzungsrechten zugunsten öffentlicher Körperschaften um so mehr erwartet werden darf, dass die zukünftige Bundesgesetzgebung berücksichtigt werde.»[74] Zur in vielen Fällen nachweisbaren Nichtanwendung geltender Natur- und Umweltnormen gesellt sich noch ein gravierender Nachteil in wirtschaftlicher Hinsicht: Die Schweiz, die in energietechnologischer Hinsicht im internationalen Vergleich früher eine führende Stellung eingenommen hatte, wog sich offenbar in falscher Sicherheit und verlor in den letzten Jahrzehnten massiv[75] im Vergleich zu den Nachbarländern.

---

[73] Siehe dazu den bereits erwähnten Beitrag von Kölz, in: ZSR 102/1983 II, S. 180/181.

[74] Walther Burckhardt, Kommentar der Schweiz. Bundesverfassung (BV) zu Art. 24bis Abs. 8 BV, Bern 2. Aufl. 1914 (S. 209). Weiter meint Burckhardt: «Nach dem Wortlaut der Bestimmung müsste die Bundesgesetzgebung durch die konzedierende Behörde vorbehalten werden; es darf aber wohl angenommen werden, dass die zukünftige Bundesgesetzgebung ohne weiteres, durch die Verfassung selbst, vorbehalten ist, auch wenn die Konzession vorbehaltlos erteilt worden wäre.»

[75] Nach dem Bau des ersten Elektrizitätskraftwerks 1878 in St. Moritz fanden verschiedene Firmengründungen im Elektrizitätsbereich statt, wie z.B. Brown Boveri, Escher Wyss, Maschinenfabrik Oerlikon usw., die für die Elektrifizierung der Eisenbahnen entscheidend waren. Bis 1992 wiesen z.B. die Schweiz und das zehn Mal grössere Deutschland je 5 MW installierter Photovoltaikleistung (Solarstrom) auf. 2006 installierte die Schweiz 2 MW – Deutschland 1150 MW. Die Shell Solar sah 1997 in Bilten/GL vor, die erste Solarfabrik Europas zu bauen, falls der Ständerat der am 4. Juni 1997 vom Nationalrat beschlossenen Energielenkungsabgabe auch zustimmen würde (als Zeugen die Herren National- und Ständeräte: Dr. Fritz Schiesser, Dr. Eugen David, Bruno Frick, Dr. Elmar Ledergerber und Marc F. Suter sowie Dr. Gosse Boxhoorn, Generaldirektor Shell Solar). Der Ständerat lehnte ab, und die Shell Solarfabrik wurde im Herbst 1999 in Gelsenkirchen/D eröffnet; 2007 scheiterte der Bau der ersten Schweizer Solarfabrik im Kanton Glarus. In Deutschland werden 2007 voraussichtlich 30 Solarfabriken gebaut. Deutschland ist inzwischen Exportweltmeister im Solar- und Windenergiebereich mit rund 7,4 Mrd.€ Jahresumsatz und rund 230000 Beschäftigten in diesen Energiebranchen. Im Schweizer Solarbereich arbeiten rund 1500 Beschäftigte. Österreich nutzte 2006 rund 0,22 W solarthermische Energie pro Kopf – die Schweiz bloss $1/6$ davon oder ca. 0,04 W/capita usw., vgl. www.solaragentur.ch. Auch bei der neuesten Gesetzgebung wurde mit dem Erlass des Stromversorgungsgesetzes (StromVG) vom 23. März 2007 im Energiegesetz (EnG) ein neuer, noch nicht in Kraft getretener Art. 7a hinzugefügt, welcher in Abs. 4 für die Wasserkrafttechnologie des 19. Jahrhunderts «50 Prozent» der Fördermittel oder rund 160 Mio. CHF pro Jahr vorsieht – und 5% für die Photovoltaik, die in Deutschland und anderen innovativen Ländern für Milliardenumsätze sorgt.

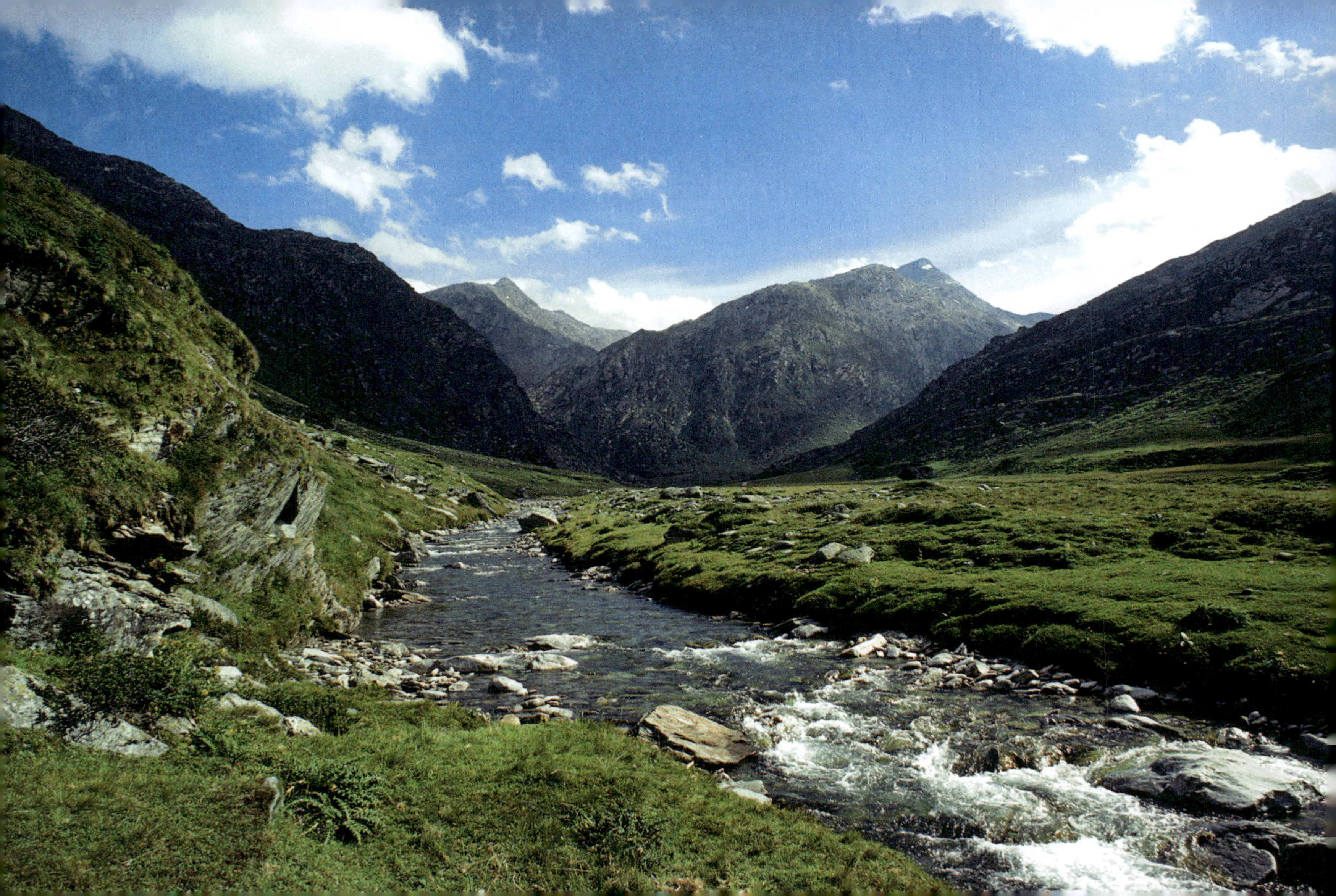

10. Wohlerworbene Rechte: der «Gesetzgeber greift über sich selbst hinaus»

«Der Gesetzgeber, der ‹wohlerworbene Rechte› schafft, greift über sich selbst hinaus.»[76] Denn er kann sich nicht rechtswirksam selber binden und die von ihm gesetzte Ordnung zurücknehmen. Die von ihm gegebenen Zusicherungen, dass er dies nie tun werde, haben keine Rechtswirkung.[77] 63 Jahre nach Erlass des WRG mit den sogenannten «wohlerworbenen Rechten» hielt der Rechtsgutachter im Auftrage des Bundes fest: «Was in Wirklichkeit unter ‹wohlerworbenen Rechten› zu verstehen ist, kann ohnehin dem Gesetz nicht entnommen werden. (...) Vielmehr ist das, was darüber geschrieben worden ist, derart widersprüchlich, dass nur wundern kann, wie der Gesetzgeber dazu kam (und immer wieder dazu kommt), den Ausdruck überhaupt zu verwenden.»[78]

11. Demokratische und verfassungskonforme Wassernutzungsrechte

Anstelle der vordemokratischen Relikte im Art. 43 Abs. 1 WRG[79] ist eine neue verfassungskonforme Normierung angezeigt, welche dem Grundsatz der Nachhaltigkeit (Art. 73 BV) besser entspricht. Dabei geht es um die heutigen Anforderungen der Energieerzeugung mittels erneuerbarer Energien, um die Nachfrage des Marktes und um die öffentlichen Interessen an angemessenen Restwassermengen und an Regelenergie. Weil die Nutzung der Wasserkraft aber aufgrund von Art. 76 Abs. 4 BV den Kantonen zusteht, müssen die an der Regelenergie interessierten Wasserkraftinhaber für die Wasserkraftnutzung das Einverständnis der Kantone

[76] Dubach, a.a.O., S. 53.
[77] Dubach, a.a.O., S. 53.
[78] Dubach, a.a.O., S. 18.
[79] Zum Art. 43 Abs. 1 WRG wurde 1976 Art. 74 Abs. 3bis WRG als Übergangsbestimmung für bestehende Wasserrechtskonzessionen eingefügt (BG vom 8. Okt. 1976; AS 1977 171; BBl 1975 II 2138).

Foto: Die Landschaft am Madriserrhein erhalten, dank Verzicht auf ein Pumpspeicherwerk.

[80] Am 24. März 2006 reichte der Walliser Nationalrat Jean-Noël Rey (SP/VS) sein Postulat ein, das am 31. Mai 2006 vom Bundesrat und am 23. Juni 2006 vom Nationalrat gutgeheissen wurde. Zu prüfen waren ausserdem die zukünftige Bedeutung der Wasserkraft aus energie- und volkswirtschaftlicher Sicht für die Landesversorgung, die Veränderungen in der europäischen und schweizerischen Stromwirtschaft seit der letzten Wasserzinserhöhung im Jahre 1996, das Wertschöpfungspotenzial der Wasserkraft als Produkt im internationalen Stromhandel, die Verpflichtungen der Schweiz im Zusammenhang mit dem Kyoto-Protokoll bezüglich der entsprechenden CO_2-Reduktionsmassnahmen und der damit verbundene hohe Stellenwert der CO_2-freien Wasserkraft, die Anpassung der Wasserzinse unter Berücksichtigung der Speicherkapazität der Wasserkraft (Produktion von Spitzen- und Regelenergie), die Einhaltung der Restwasser-Sanierungen, mögliche Synergien durch Modernisierungen bestehender Anlagen und der Vollzug der Restwasserbestimmungen sowie Synergien bei der Bewirtschaftung von Ausgleichsbecken hinsichtlich Schwall und Sunk; vgl. Amtl. Bulletin, Nationalrat, 23. Juni 2006.

[81] Am 6. Juni 2007 reichte Ständerat Simon Epiney (CVP/VS) seine Motion ein mit dem Ziel: «Auf die Übertragung der Hochspannungsnetze solle ein Zuschlag von 0.1 Rappen pro Kilowattstunde erhoben werden. Dieser Zuschlag sollte für die Finanzierung von Projekten zur Renaturierung von Fliessgewässern eingesetzt und als Gegenentwurf zur Volksinitiative «Lebendiges Wasser» vorgelegt werden. Zur Begründung führt Epiney u.a. an: Der Initiative müsse angerechnet werden, dass sie die besondere Bedeutung der Fliessgewässer für Wasser- und Energieversorgung, Landschaft, Freizeitbeschäftigungen und Transportmöglichkeiten deutlich zum Ausdruck bringe. (...) Es gelte nun ein Gleichgewicht herzustellen zwischen dem Renaturierungsbedarf einiger Fliessgewässer und der Notwendigkeit, die Erzeugung von Energie aus Wasserkraft nicht zu beeinträchtigen. Die laufende Revision des Gewässerschutzgesetzes gehe in diese Richtung. Trotzdem scheine es erforderlich, das Gesetz mit der Einrichtung eines Renaturierungsfonds zu ergänzen, der aus einer Abgabe auf der Übertragung mittels Hochspannungsnetzen gespeist werde.

Daher wird der Bundesrat dazu aufgefordert, einen Schritt in Richtung dieser Initiative zu tun. Diese Motion steht fak-

erhalten. In diesem Sinne stimmten Bundesrat und Nationalrat dem Postulat Rey zu, der unter anderem verlangt, den höchstzulässigen Wasserzins an die geänderten Verhältnisse anzupassen.[80] Mit der gegen den Willen des Bundesrates deutlich überwiesenen Motion Epiney wird die verursachergerechte Finanzierung der in Art. 76 Abs. 3 BV vorgeschriebenen Gewässersanierung angestrebt. Die Umsetzung dieses Vorstosses, der eine Minimalabgabe von 0,1 Rp/kWh auf dem Hochspannungsnetz verlangt, ergibt jährlich rund 50–60 Mio. CHF. Damit können die im Gewässerschutz-, Natur- und Heimatschutz- sowie Fischereigesetz verankerten Bestimmungen verfassungskonform umgesetzt werden – ohne die am meisten betroffenen Kantone und Gemeinwesen noch zusätzlich zu belasten.[81] Wenn die seit 1975 angezeigte Gewässerschutzsanierung mit einer technischen und einer ökologischen Wasserkraftsanierung kombiniert wird, können die verfassungsrechtlich geforderten Gewässerschutzmassnahmen zu Lasten der tatsächlichen Verursacher[82] und nicht zu Lasten der betroffenen Anwohner/innen umgesetzt werden. Erneuerbare Energien für eine zukunftsgerichtete Energie-, Elektrizitäts- und Wasserkraftstrategie existieren im Überfluss, wie andere Beiträge im Teil III (der Legende Greina) dieser Publikation zeigen.[83] Kraftwerkinhaber würden durch eine entsprechende Anpassung ihrer Aktivitäten an die Verfassungsbestimmungen zum Natur-, Landschafts- und Gewässerschutz ein positives Image für die ganze Branche schaffen.

12. Fazit

Aus dem Vorstehenden geht hervor, dass die «wohlerworbenen Rechte» des Art. 43 WRG aus vordemokratischen Zeiten stammen. Seit der Gründung unseres Bundesstaates am 12. September 1848 und spätestens seit dem 25. Oktober 1904 findet sich in unserer Bundesverfassung keine Grundlage mehr für wohlerworbene Rechte. Der demokratische Rechtsstaat und vor allem der Bundesgesetzgeber können keine Sonderrechte verleihen, weil die BV dem Grundsatz der Rechtsgleichheit verpflichtet ist. Sogenannte «wohlerworbene» bzw. «gesetzesbeständige» Rechte bedeuten faktisch eine Art «Widerstandsrecht» gegen den höchsten Gesetzgeber – gegen den Schweizer Souverän. Unsere BV garantiert niemandem Widerstandsrechte gegen das Volk oder den Bundesgesetzgeber, sondern nur demokratische Rechte, die jederzeit geändert werden können. Die Zeit ist reif für eine klare, demokratische und verfassungskonforme Regelung für die Verleihung von Wassernutzungsrechten: Folgen wir der Aufforderung von Alfred Kölz und beseitigen wir im Jahre 2008 (160 Jahre Schaffung unseres Bundesstaates) die **«alten subjektiven Rechtspositionen», Überreste einer «unbewältigten juristischen Vergangenheit»!**[84]

tisch im Gegensatz zur Motion von Christan Speck vom 20. März 2003, die am 7. Oktober 2004 mit 86 zu 75 Stimmen im Nationalrat angenommen und erheblich «tiefere Restwassermengen» forderte. Die Motion Epiney wurde am 4. Oktober 2007 im Ständerat mit 26 zu 13 Stimmen angenommen und überwiesen; vgl. Amtl. Bulletin, Ständerat, 4. Oktober 2007.

[82] Für Transport-, Übertragungs- und Verteilkosten werden aufgrund der Studie zur Ermittlung der Übertragungskosten des Bundesamtes für Energie (BFE), Nr. 59, 1997, rund 13 Rp./kWh angenommen. Die Übertragungskosten für Schweizer Einwohner/innen, Familien und KMU betragen 2,6 Rp./kWh, während die EU-Stromhändler 0,0 Rp./kWh oder höchstens bis 0,6 Rp./kWh für denselben Hochspannungsstrom bezahlen müssen. Am 4. Oktober 2007 erklärte Bundesrat Moritz Leuenberger im Ständerat: «Die Transitkosten betragen 100 Mio. Franken; sie müssen bezahlt werden.», vgl. Amtl. Bulletin Ständerat, 4. Oktober 2007. Bezogen auf die Stromausfuhr von 46,085 TWh (2006) bedeutet dies für die EU-Stromhändler 0,216 Rp./kWh – also knapp 10% der Belastung für die Schweizer Einwohner/innen (vgl. Schweiz. Elektrizitätsstatistik 2006, S. 36). Dank der Motion Epiney können somit auch die grossen EU-Stromkonzerne als Mitverursacher der Spitzenenergieerzeugung und Exporte belastet werden, nicht nur die einheimischen.

[83] Vgl. auch FN 75.

[84] Alfred Kölz, in: ZSR 102/1983 II, S. 180/181.

Ausblick

Die Chance der Wasserkraft im 21. Jahrhundert

Erstes Wasserkraftwerk der Schweiz 1878 in St. Moritz

Johannes Padrutt besuchte 1878 die Weltausstellung in Paris. Darauf liess er 1879 in sein Hotel Engadiner Kulm in St. Moritz sechs elektrische Jablochkoff-Kerzen für 18 000 Franken installieren.[1] Padrutt brauchte Licht für seine englischen Feriengäste. So baute er das erste Wasserkraftwerk (WKW) und so brannte das erste elektrische Licht der Schweiz in St. Moritz.

Zu dieser Zeit war noch unsicher, ob sich die elektrische Energie durchsetzen würde. Denn etwa 10 Jahre später baute der Zürcher Industrielle Guyer seine Fabrik im Zürcher Oberland. Diese nutzte die Wasserkraft noch mechanisch mittels Übertragungsriemen. Verschiedene Firmengründungen wie Brown Boveri, Maschinenfabrik Oerlikon, Escher Wyss usw. forcierten den Generatorenbau und damit die Erzeugung und Nutzung der Elektrizität. Zu Beginn des 20. Jahrhunderts nahm das Interesse für die Nutzung elektrischer Energie stets zu. Die Bahnen wurden elektrifiziert – als erste die Berninabahn. Und in St. Moritz fuhr das erste elektrische Tram der Schweiz. In der Folge wurden immer grössere WKW geplant und gebaut.

Harte Auseinandersetzungen über Schutz und Nutzung der Wasserkraft

Intensive und harte Auseinandersetzungen über die Nutzung und den Schutz der Wasserkraft beschäftigten das Schweizer Volk ab 1871 und insbesondere ab 1880. Denn inzwischen hatten Turbinen die alten Wasserräder abgelöst und das Wasser wurde erheblich intensiver genutzt. Im April 1891 forderte die schweizerische «Freiland-Gesellschaft», dass die Wasserkraft-

lic. iur. Gallus Cadonau
Geschäftsführer
Schweizerische Greina-Stiftung,
Geschäftsführer
Solar Agentur Schweiz

[1] Heute wären dies über 360000 Franken – für 6 Lampen! (P. N. Jablochkoff 1847–94). Laut Auskunft von Dr. U. Müller, Leiter hist. Achiv UBS, wurden die Holocaust-Entschädigungen für den Zeitraum 1930-45 mit Faktor 10 berechnet; Faktor 20 sei mindestens gerechtfertigt.

nutzung zum Bundeseigentum werde. Dieser Vorschlag drang in Bundesbern nicht durch. Im April 1895 wurde im Bundesparlament über die Art und Weise der Wasserkraftnutzung heftig diskutiert. Erst an der Volksabstimmung vom 25. Oktober 1908 wurde die erste Verfassungsnorm zur Nutzung der Wasserkraft in der Schweiz angenommen und rückwirkend auf 1904 in Kraft gesetzt. Noch heute steht die Wasserkraft unter der Oberaufsicht des Bundes. Aber die wirtschaftliche Nutzung der Wasserkraft steht den Kantonen «oder den nach der kantonalen Gesetzgebung Berechtigten zu», wie es noch in der alten Bundesverfassung (BV) lautete.[2]

«Vernunft wird Unsinn, Wohltat Plage...» (J. W. Goethe)
Die verstärkte Nutzung der Wasserkraft in der Schweiz führte zu den ersten nationalen Auseinandersetzungen am Rhein, als es 1954/56 darum ging, den Rhein bei Schaffhausen zu nutzen und damit den Rheinfall zu beeinträchtigen. Die Rheinaubundinitiative forderte mehr Schutz an Stelle einer einseitigen Wasserkraftnutzung. In den Alpen wurden aber die grössten Wasserkraftwerke erst nach 1950 geplant und gebaut. Von einigen wenigen Kilowatt am Anfang des 20. Jahrhunderts wurden nun Megawatt-Anlagen (MW) realisiert, wie Dixence, Emosson und Mauvoisin (VS), Grimsel (BE), Kraftwerke Vorderrhein und Hinterrhein, Marmorera, Albula und Engadiner Kraftwerke (GR) usw. Am Ende des 20. Jahrhunderts verzeichnete die Schweiz rund 12 000 MW an installierter Leistung. Ab 1960 und erst recht nach 1970 begann der lukrative Stromhandel über die Landesgrenzen.[3] Dank der alpinen Speicherkraftwerke konnte die Wasserkraft immer mehr, praktisch jederzeit verfügbare Spitzenenergie erzeugen, die nach wie vor sehr teuer ins Ausland verkauft wird.

[2] vgl. Art. 24bis Abs. 3 a.BV ; ab 1.1.2000 durch Art. 76 Abs. 4 BV abgelöst: Über der Wasserkraft verfügen die Kantone.
[3] Schweizerische Elektrizitätsstatistik 2001, S. 15 und 2006, S.10.

Die Kehrseite der Medaille: Um immer mehr Spitzenenergie verkaufen zu können, wird immer mehr Wasser gestaut, das in kurzer Frist turbiniert wird. Einerseits wurden stets mehr Flüsse trockengelegt. Andererseits nahm der «Schwall-Sunk-Betrieb» massiv zu. »Schwall-Sunk» bedeutet rasches Steigen und Sinken des turbinierten Wassers in den Flüssen. In diesen Flüssen können die Fische nicht natürlich laichen; andere Wassertiere können sich nicht wie gewohnt vermehren. Die Natur wird beeinträchtigt, die Fortpflanzung der Fische wird gestört und das Leben vieler Wassertiere ist dadurch gefährdet. Haben nicht die letzten Überschwemmungen 2002 und 2006 klar gezeigt: Wo Auen um Hochwasser zurückzuhalten fehlen, fehlt auch der Schutz für die Bevölkerung. Tote und Schäden an Kulturland, Gebäuden und Wohnhäusern in Milliarden Franken waren die Folge. Droht die «vernünftige» Energieform des 20. Jahrhunderts dem gierigen Profitdenken einiger Manager im 21. Jahrhundert zu verfallen – und zum volkswirtschaftlichen Unsinn mit steigenden Schäden und für die betroffene Bevölkerung zur Plage zu werden?

Angemessene Restwassermengen: Gefahr oder Chance für die Wasserkraft?

Der zunehmende Schwall-Sunk-Betrieb ist eine Folge unserer modernen Gesellschaft. Sie braucht in vielen Bereichen Energie, vor allem Strom zu bestimmten Zeiten. Dazu kommt der immer grösser werdende europäische Stromhandel. Im Jahre 2001 exportierte die Schweiz z.B. vier Mal mehr Strom (67,4 TWh/a) als alle Schweizer Haushaltungen (16,1 TWh/a) in einem Jahr konsumieren. Gleichzeitig wurden 57,9 TWh/a importiert – vor allem französischer Nuklearstrom für die Pumpspeicherkraftwerke.[4] Thermische (Kohle- und Nuklear-)

[4] Schweiz.Elektrizitätsstatistik 2001, S. 25 und 36; Der «Pumpwirkungsgrad» beträgt 0,7 vgl. Schweiz. Elektrizitätsstatistik 2006, S. 20. (TWh/a entspricht: Milliarden kWh pro Jahr)

Abb. 1: Von der NOK/AXPO seit über 30 Jahren trockengelegter Rein da Sumvitg (GR) – trotz Verfassungsauftrag zur «Sicherung angemessener Restwassermengen» von 1975 (Art. 76 Abs. 3 BV)

Abb. 2: Vorbildliche Restwassersanierung der Rätia Energie AG bei Cavaglia/GR

Kraftwerke sind weniger schnell regulierbar und können die Ansprüche für Spitzenenergie kaum erfüllen. Sehr gefragt sind deshalb leistungsstarke Speicherkraftwerke. Sie liefern nicht nur Spitzenstrom um die öffentlichen Stromnetze in der Schweiz und Europa optimal zu regeln: Ihre praktisch jederzeit verfügbare «Regelenergie» wird zum fünffachen Marktpreis auf den europäischen Strombörsen verkauft.[5]

Die Schweiz gilt je länger, je mehr als zentraleuropäische Stromdrehscheibe. Auf Bundesebene gibt es weder eine Gesetzes- oder Verfassungsgrundlage noch bestehen nationale oder internationale Verpflichtungen dafür. Wird die stets steigende Spitzenenergieerzeugung wegen mangelnder Gesetzesgrundlage gedrosselt oder unterbunden? Werden die seit 1975 in der Bundesverfassung (BV) vorgeschriebenen «angemessenen Restwassermengen» nun endlich durchgesetzt, wie zwei Drittel des Schweizer Souveräns bereits am 17. Mai 1992 mit Annahme des eidg. Gewässerschutzgesetzes (GSchG) bis 2007 explizit verlangten?

[5] CH-Strompreise im Durchschnitt rund 15 Rp/kWh: European Energy Exchange, EEX-Börse, 7.12.2005: 77,5 Rp/kWh; Swiss Electricity Price Index (SWEP) 12.8.2005: 39,5 Rp/kWh, 52,8 Rp/kWh; vgl. auch Schweizerische Elektrizitätsstatistik 2005 und 2006 S. 48.

2004 wurde diese Sanierungsfrist von 2007 auf 2012 verschoben. Erfolgt die Wasserkraftsanierung bis 2012 – auch wenn viele Kraftwerkinhaber, die heute dank Spitzenenergieverkäufen Milliardengewinne einnehmen, ein solches Szenario als «Krise für die Wasserkraft» brandmarken?

Existiert nur dieses Szenario: Drosselung der Spitzenenergieerzeugung und Verzicht auf «Regelenergie» für die öffentlichen Stromnetze in der Schweiz und Europa, um unseren BV-Auftrag angemessener Restwassermengen von 1975 nicht noch länger zu missachten und die BV permanent zu verletzen? Die SGS vertritt hier eine andere Meinung: Auch in diesem «Krisenfall» gilt es sinngemäss – dem chinesischen Sprichwort getreu (Krise ist Gefahr und Chance) – die Chance zu nutzen, für die Wasserkraft als lukrative Regelenergie und für angemessene Restwassermengen!

Regelenergie: Die Chance für die Wasserkraft im 21. Jahrhundert

Da die Wasserkraft mit rund 35 TWh/a nur 14% des schweizerischen Gesamtenergiebedarfs von 250 TWh/a (Endenergie) ausmacht (Nuklearenergie mit ca. 23 TWh/a 8%), kann die Wasserkraft aufgrund der heutigen Energieversorgung natürlich nicht die ganze Schweiz und noch Zentraleuropa mit «sauberer Wasserkraft und verfassungskonformen angemessenen Restwassermengen» versorgen. Dazu bedarf es einer konsequenten Umstellung auf eine effiziente Energienutzung im Gebäudebereich. Der alltägliche Schlendrian mit 70 bis 95% Energieverlusten im Gebäudebereich muss radikal ab- und umgebaut werden, insbesonders im Neubaubereich. Wenn die Schweizer Haushaltungen künftig anstatt 6000 kWh/a z.B. nur noch 25% oder 1500 kWh/a und Haushalt als Regelenergie beziehen, weil diese Bauten den übrigen Energiebedarf dank Energieeffizienz, solarer Dach- und Fassadennutzung kombiniert mit Umweltwärme und Biomasse, selbst decken, kann die Wasserkraft längerfristig anstatt nur 14% des gesamtschweizerischen Energiebedarfs plötzlich erheblich mehr Gebäude energetisch versorgen.

Halbe Stromrechnung trotz doppeltem Solarstrompreis
Muss die Schweizer Haushaltung A künftig anstatt (für 6000 kWh/a à 20 Rp/kWh =) 1200 CHF pro Jahr) nur noch 600 CHF (1500 kWh/a à z.B. 40 Rp/kWh) bezahlen, ist die Stromrechnung der Familie A günstiger, obwohl der Strompreis doppelt so hoch ist. Mindestens diese Differenz kann Familie A für Effizienzmassnahmen am Gebäude investieren, ohne mehr zu bezahlen. Auch längerfristig geht die Rechnung auf, weil die Energiepreise steigen werden.

Umgekehrt bedeutet dies: Wenn alle Schweizer Haushaltungen statt wie bisher 16 TWh/a nur noch 4 TWh/a Wasserkraft als Regelenergie benötigen, können die übrigen 12 TWh/a an andere Stromkunden verkauft werden. Längerfristig würde dies bedeuten, dass 4 Mal mehr Stromkunden mit Regelenergie und zu einem lukrativeren Strompreis versorgt werden können. Die Wasserkraft könnte längerfristig plötzlich 15, 20, 30% oder bis 50% (4 x 12%) der Schweizer Gesamtenergieversorgung sicherstellen – wenn sie über genügend Speicherenergie verfügt und die Gebäude energieeffizient funktionieren.

Speicherenergie optimieren und ökologisch steigern

Über genügend umweltverträgliche Speicherenergie kann die Schweiz verfügen, wenn sie die richtigen Schlussfolgerungen aufgrund der neuen Energiepolitik in unseren Nachbarländern zieht: Die sehr gesuchte und lukrative Regelenergie in Zentraleuropa anbieten. Hier muss die Schweiz vom eindimensionalen Denken wegkommen, wonach die Wasserkraft nur die «Lücken» in der Erzeugung er erneuerbaren Energien deckt. Die Schweiz muss die bereits heute bestehenden und künftig noch grösseren gewaltigen Stromüberschüsse der Windenergie strategisch, d.h. ökonomisch und ökologisch richtig nutzen. In diesem Sektor liegen bereits heute riesige Energiepotentiale «brach» und warten auf eine ökologisch und ökonomisch sinnvolle Nutzung. Die Schweiz verfügt heute über Speicherkapazitäten von rund 8 TWh/a. Bei einer Steigerung der Spitzenenergieerzeugung würde die Schwall-Sunk-Problematik dramatisch zunehmen. Damit auch die Gefahren, dass an unseren Flüssen spielende Kinder vom Schwall-Sunk-Betrieb verletzt oder ertränkt werden, je höher die Differenzen zwischen Schwall und Sunk in immer kürzeren Abständen sind. Die SGS-Lösung ist sowohl ökonomisch interessant als auch ökologisch vorbildlich, und dies in mehrfacher Hinsicht. Wie aus nachstehender Abbildung 3 hervorgeht, bläst der Wind recht unregelmässig. Bloss ca. $^1/_{10}$ der Winderzeugung soll als jederzeit 100% verfügbare Energie gelten. In der Abbildung 3 wird die Windenergieerzeugung während einer Woche im Mai 2006 dargestellt:

Das stark schwankende Windangebot führt zu ebenso starken Preisschwankungen. Auf Dienstag, 22. Mai 2006 stieg die Windproduktion stark an und erreichte in den Nachmittagsstunden rund 10 000 MW in Deutschland. Am Mittwoch, 24. Mai 2006 sank die Windproduktion auf 500 MW. Am Donnerstag, 25. Mai 2006 stieg die Leistung wieder auf 10 000 MW. Am Freitag, 26. Mai 2006 legte die Winderzeugung nochmals kräftig zu und erreichte 16 000 MW, welche ins Netz eingespeist wurden. Zusammen mit der an Freitagen strukturell geringeren Last führte dies zu einem deutlichen Rückgang der Strompreise.

Windenergie-Erzeugung vom 23. bis 26. Mai 2006: 500 bis 16 000 MW

	DIENSTAG	MITTWOCH	DONNERSTAG	FREITAG
	10 000 MW	500 MW	10 000 MW	16 000 MW

Von der Atel gelieferte Daten aus der Woche vom 23. bis 28.5.2006 — Abb. 3

Die Schweiz muss über den Mittwoch hinaus denken

In der Schweiz ist allgemein bekannt, dass die Wasserkraft die fehlende Energie am Mittwoch liefern kann, wenn die Windenergieleistung vom Dienstag auf den Mittwoch von 10 000 MW auf 500 MW fällt. Aber was passiert am Donnerstag? Die Windenergieproduzenten können ihre Windenergie besser verkaufen, wenn sie ihren Kunden zusichern können, dass sie statt

10% – 20% künftig 60% – 80% des Windstroms sicher liefern können. Dafür bietet sich aus ökologischer Sicht (nebst der Holz- und Biomasse in Europa praktisch nur) die Wasserkraft als idealer Partner an. Wenn der Wind nachlässt, erhalten die Windenergiekonsumenten Wasserkraft als Regelenergie um ihre Lieferverpflichtungen jederzeit zu 100% einhalten zu können. Wenn die Windenergie am Donnerstag von 500 MW auf 10 000 MW und am Freitag auf 16 000 MW steigt und die Preise massiv sinken, muss diese Energie nicht vernichtet werden, sondern sie wird konsequent als «ökologische Pumpenergie» alpin genutzt.

Die europäischen Wind- und Solarindustrien mit mehreren GW-Leistung erhalten so in Europa die «ökologischen Batterien» – sie müssen künftig weder auf Heizöl, Gas oder Nuklearenergie zur Stabilisierung der öffentlichen Netze zurückgreifen. Die Wasserkraft verfügt so über ein Mehrfaches an Speicher- und Spitzenenergie zu Spitzenpreisen! Eine Win-win-Situation für alle an erneuerbaren Energien interessierten Bewohnerinnen und Bewohner Europas und der Schweiz.

Eine neue nachhaltige Energiestrategie drängt sich auf

Die Gebirgskantone müssen heute die alpine Spitzenenergie aufgrund der Wasserzinsbeschränkung im Art. 49 WRG zu Schleuderpreisen den Stromkonzernen abliefern (2 bis 6 Rp./kWh). Diese verkaufen diese Spitzenenergie im EU-Raum für 20, 30, bis 80 Rp./kWh.[6] Aufgrund dieser Konstellation drängt sich eine grundlegend neue Energiestrategie auf. Ein Blick auf den europäischen Stromhandel zeigt, dass die Schweiz früher mehr Strom nach Deutschland verkaufte – und in den letzten Jahren immer mehr (Wind-)Energie importierte. Aus Frankreich wurden bisher gut 25 TWh/a Nuklearstrom für die Pumpeicherkraftwerke importiert und ähnliche oder

[6] vgl. CH-Strompreise im Durchschnitt rund 15 Rp/kWh: European Energy Exchange, EEX-Börse, 7.12.2005: 77,5 Rp/kWh usw. FN 5.

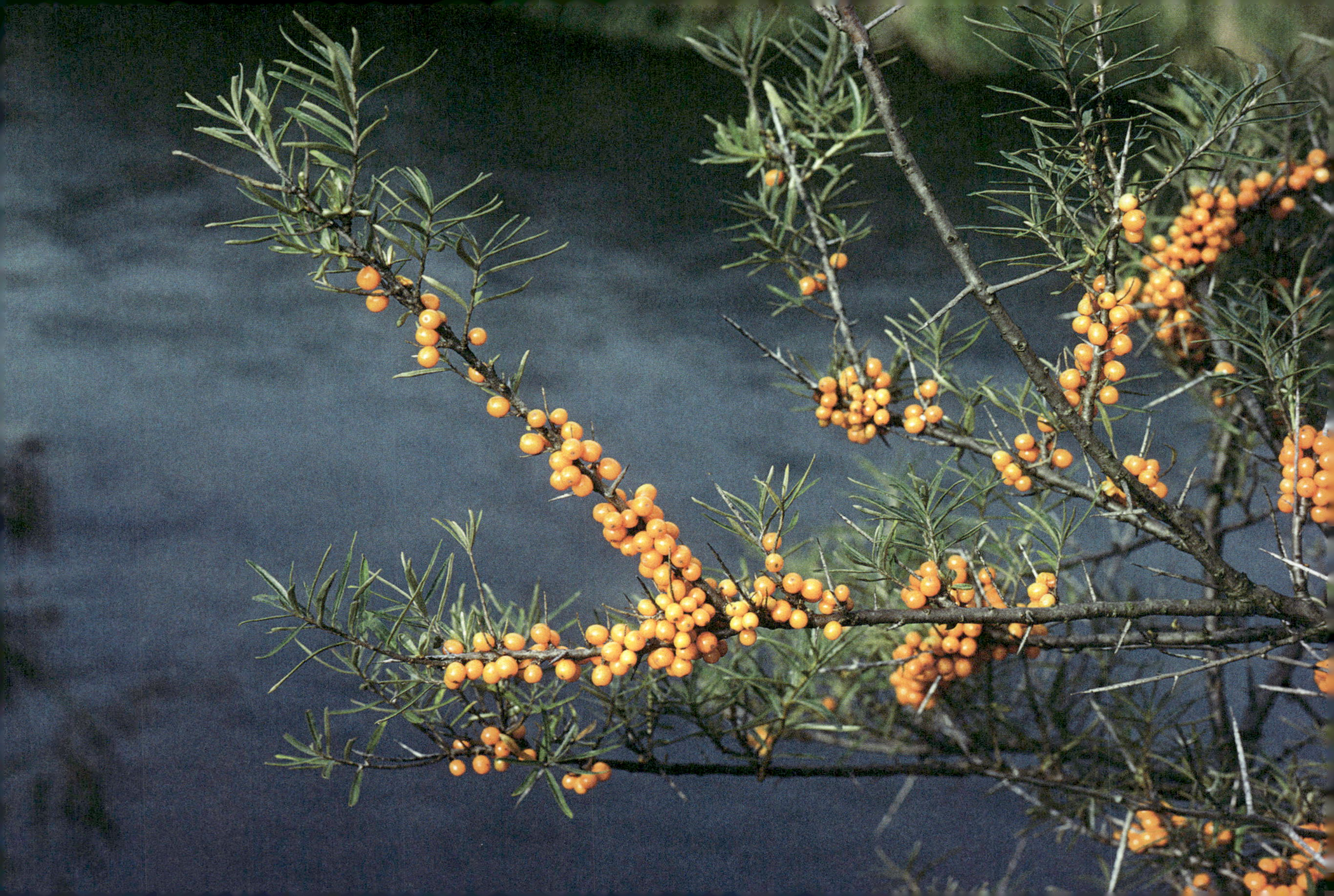

grössere Mengen nach Italien als Spitzenenergie exportiert. Der steigende (Wind-)Elektrizitätsimport von Deutschland macht heute fast 50% des französischen AKW-Stromimports aus.[7]
Die Schweizer Wasserkraftwerke benötigen daher kaum mehr oder grössere Speicherbecken in den Alpen – im Gegenteil: Sie müssen die bestehenden besser und vermehrt nutzen. Dringend notwendig sind grössere Kavernen oder Speicherbecken unten im Tal, um die gewaltigen Windenergieüberschüsse von 10 000 MW und 16 000 MW zum Pumpen zu nutzen. Wer heute die Windenergie zum Pumpen einsetzt, kann ca. 70% dieser Energie morgen auf dem Schweizer und Europäischen Strommarkt zu Spitzenpreisen verkaufen.

Wasserkreislauf statt Schwall-Sunk: Ökologisch und ökonomisch vorbildlich!

Wenn Wind- und Solarstrom zum Pumpen eingesetzt werden, wird ein Wasserkreislauf vom Berg- zum Talspeicher und umgekehrt eingerichtet. Damit ist kein Speicherkraftwerk mehr auf den letzten Wassertropfen angewiesen – und kann trotzdem ein Mehrfaches an Spitzenenergie erzeugen. Damit können auch die 1975 und 1992 vom Volk geforderten angemessenen Restwassermengen problemlos eingehalten und das eidgenössische Gewässerschutzgesetz (GSchG) umgesetzt werden.

    Wenn der Bundesverfassungsauftrag von 71% des Schweizer Volkes von 1975 in Art. 76 Abs. 3 BV («Sicherung angemessener Restwassermengen») endlich durchgesetzt wird – wie am 17. Mai 1992 mit $^2/_3$ des Schweizer Souveräns im GSchG ausdrücklich verlangt, kommt die Wasserkraft auch vom schlechten Image des «Verfassungsbruchs» beim Anblick der Ab-

Foto: Sanddorn, Ufervegetation am Alpenrhein.

[7] vgl. 2005 Importe aus D: 14,7 TWh/a und Ausfuhr von 12,4 TWh/a; Schweiz. Elektrizitätsstatistik 2006, S. 36; 1995 Importe aus D: 4,0 TWh/a und Exporte nach D: 7,2 TWh/a; vgl. Schweiz. Elektrizitätsstatistik 1995, S. 35.

bildung 1 (oben) endlich weg. Die angemessenen Restwassermengen können sich die Wasserkraftwerke auch ökonomisch problemlos leisten. Da sie nebst den verfassungskonformen Wassermengen auch ein zweites, noch gravierenderes Problem gelöst haben: Die Schwall-Sunk-Problematik existiert nicht mehr. Wenn das genutzte Wasser nach der Turbine statt ins Flussbett in den (unterirdischen) Talspeicher geleitet wird, kann kein Schwall-Sunk-Betrieb im Fluss entstehen (Abb. 4). Eine weitere win-win-Situation in ökonomischer, energetischer und ökologischer Hinsicht!

Vier Leitplanken für Ökologische Pumpspeicherkraftwerke
Indem Wind- und Sonnenenergie aus unseren Nachbarländern und soweit möglich aus den übrigen europäischen Ländern als Pumpenergie eingesetzt werden, verschwindet auch das schlechte Image der «dreckigen und gefährlichen Pumpenergie» aus Kohle- und französischen Nuklearkraftwerken. Die installierte Leistung im Bereich der Wind-, Solar- und auch Biomasseenergie ist in den EU-Ländern Deutschland, Spanien, Österreich und den skandinavischen Ländern – im Gegensatz zur diesbezüglich «schlafenden Schweiz» massiv gestiegen – geradezu explodiert. Es gilt für die Schweiz heute, die Augen nicht weiter vor dieser neuen Energieentwicklung in Europa zu verschliessen. Wer heute mit dieser umweltbewussten Energieindustrie verhandelt und die entsprechenden Verträge vereinbart, hat in Europas Energiepoker die besten Karten! Heute werden rund 2,5 bis 3 TWh pro Jahr als Pumpverluste ausgewiesen. Dies bedeutet ca. 5% des gesamten Schweizer Strombedarfs. Wenn künftig noch viel mehr preisgünstige Windenergieüberschüsse zum Pumpen bereit gestellt werden, bedeutet

Wasserkraft: Schlüsselenergie im 21. Jahrhundert mit ökologischen Pumpspeicherkraftwerken

Abb. 4

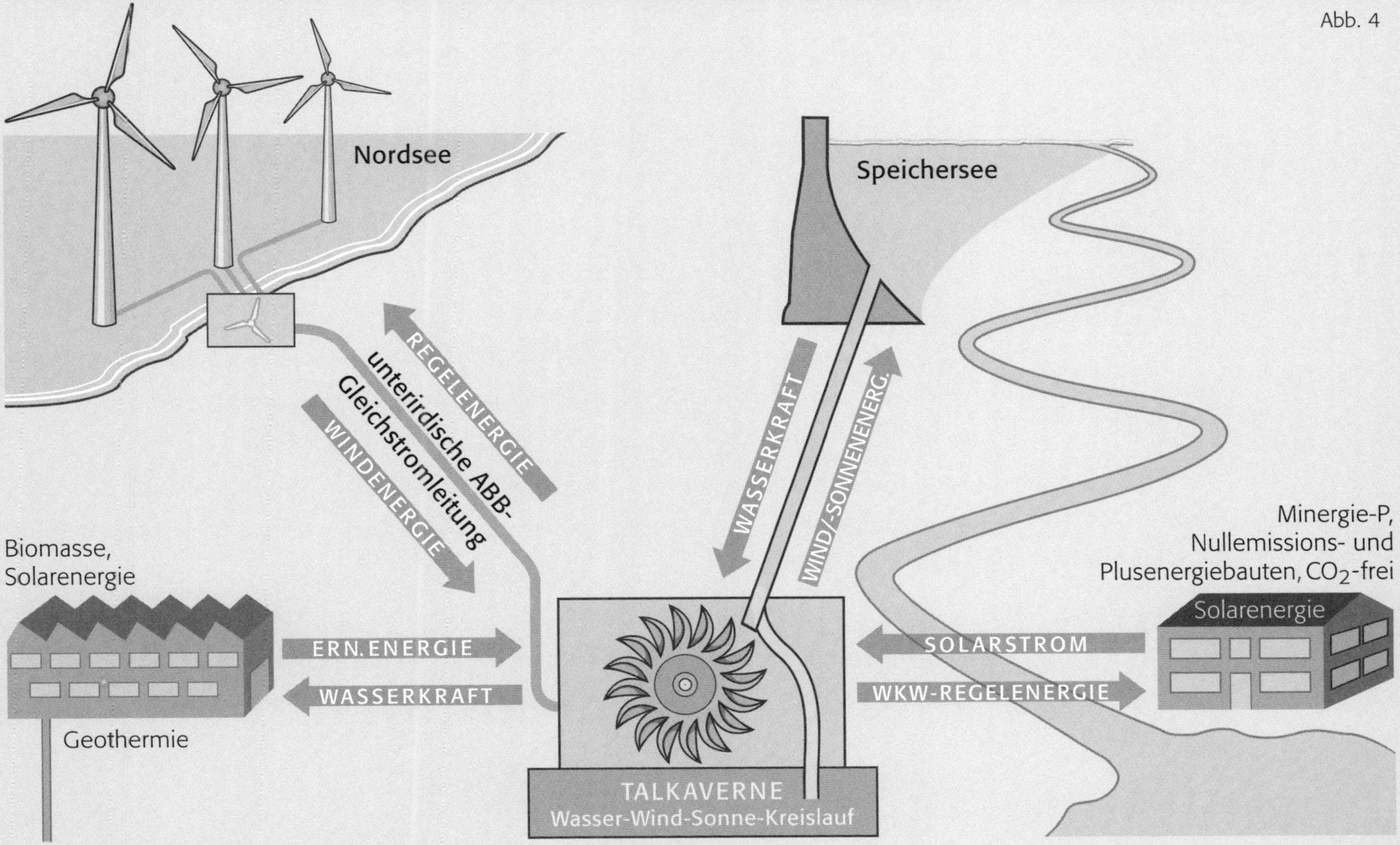

Nordsee

Speichersee

REGELENERGIE

unterirdische ABB-Gleichstromleitung

WINDENERGIE

WASSERKRAFT

WIND-/SONNENENERG.

Biomasse, Solarenergie

ERN. ENERGIE

WASSERKRAFT

Geothermie

SOLARSTROM

WKW-REGELENERGIE

Solarenergie

Minergie-P, Nullemissions- und Plusenergiebauten, CO_2-frei

TALKAVERNE
Wasser-Wind-Sonne-Kreislauf

dies Verdoppelung, Verdreifachung oder Vervielfachung der Spitzenenergieproduktion, die weiterhin noch einen Wirkungsgrad von 70% aufweist – im Gegensatz zu den thermischen Kraftwerken mit Wirkungsgraden von 30 bis 35%! Auf die von (politischen) Bedenkenträgern geäusserten Behauptungen und Befürchtungen, wonach die Schweiz nicht über die entsprechenden Leitungen zu unseren Nachbarländern verfüge, gibt es zwei Antworten: Wie war es denn im Jahre 2001 möglich 68,4 TWh (3x gesamte Schweizer AKW-Produktion!) zu exportieren und 57,9 TWh zu importieren? Wurden diese Energiemengen von insgesamt 122,3 TWh (64,4 + 57,9) mit dem Leiterwagen durch Europa gezogen? Oder existieren «Schweizer Ampères», die sich nur in eine Richtung verschieben können?

Im Übrigen können und dürfen besorgte Energiepolitiker die Lösung des Problems der elektrischen Transportkapazitäten Frau Jasmin Staiblin, Vorsitzende der Geschäftsleitung ABB Schweiz, überlassen. Sie verfügt über Erfahrungen im unterirdischen Hochspannungsleitungsbau über tausende von Kilometern in China – und hat auch schon mal etwas über Gleichstrom-Hochspannungsleitungen gehört. Fazit: Eine interessante, lukrative und ökologische Hightech-Zukunft für die Schweiz und Europa!

In diesem Rahmen führte die SGS bereits 2005/06 eine Basisabstimmung bezüglich klarer ökologischer Leitplanken für ökologische Pumpspeicherkraftwerke unter unseren Mitgliedern und Gönner/innen durch. Die **rechtlichen und ökologischen Leitplanken** wurden mit gut 93% Ja-Stimmen angenommen und lauten:

1. Pumpspeicherkraftwerke (PSKW) müssen als Ergänzung zu bestehenden Anlagen und ohne weitere Fliessgewässer zu zerstören, möglich sein.
2. Im Einzugsgebiet dieser PSKW dürfen schützenswerte Landschaften nicht zerstört, allfällige Fliessgewässer im Einzugsgebiet müssen saniert werden.
3. PSKW können insbesondere befürwortet werden, wenn sie z.B. als Regelenergie für erneuerbare Energien wie Wind oder Solarenergie dienen und einen bedeutenden ökologischen Beitrag an die Energieversorgung leisten.
4. Diese PSKW werden in den Alpen gebaut, ohne die bisherigen Fliessgewässer zu beeinträchtigen, indem sie stets das gleiche Wasser in einem möglichst geschlossenen Wasserkreislauf benutzen, um Spitzenelektrizität zu erzeugen.

Diese Nachhaltigkeitsstrategie der SGS ist längerfristig in jedem Fall ökonomisch und ökologisch allen anderen, AKW, Gas-Kombi-KW und fossilgeführten Wärmekraftkoppelungsszenarien überlegen.

Nachhaltig und notwendig: Ökologische Pumpspeicherkraftwerke

Die Verbindung von Wasser-, Wind- und Solarenergie wie in Abbildung 4 dargestellt, erlaubt die Speicher besser zu nutzen. In Kombination mit energieeffizienten Minergie-P-, Nullemissions- und Plusenergiebauten kann die Schweiz ihre 82%-ige Auslandabhängigkeit im

Energiesektor massiv reduzieren und Unabhängigkeit gewinnen. Notwendig ist aber eine Umkehr beim Speicherbau: Die Bergspeicher mit rund 8 TWh-Kapazität erfordern entsprechende Talspeicherkapazitäten, damit dort genügend grosse Wassermassen verfügbar sind. Mittels billigster Wind- und Solarenergie wird das Wasser hinaufgepumpt, um es bei Bedarf in Spitzenenergie umzuwandeln. Unten im Talspeicher wird das Wasser wieder zum Pumpen gespeichert, anstatt es in den Fluss zu leiten und ein Sunk-Schwall-Problem zu erzeugen. Mit Berücksichtigung der oben erwähnten vier ökologischen Leitplanken für ökologische Pumpspeicherkraftwerke der SGS, entsteht ein Kreislauf der erneuerbaren Energien in Europa und eine mehrfache Win-win-Situation für alle. Der Ersatz der Dinosauriertechnologien[8] lässt bis 2020 über 20 TWh/a substituiert und die dadurch gewonnene Energie als sehr lukrative Regelenergie in Europa verkaufen. Entsprechend zu optimieren sind die Pumpspeicher am Bernina/GR, Grimsel/BE und Nant de Drance/Mouvoisin/VS.

[8] Elektroheizungen werden durch Wärmepumpen, ineffiziente Geräte, Standby-Energieverschwendung ersetzt, Solare Dach- und Fassadennutzung, Minergie-P- und Plusenergie-Bauten usw. vgl. Wasserkraft Schlüsselenergie und mit 3 Massnahmen 3 Grosskraftwerke ersetzen: www.solaragentur.ch.

Foto: Muss keiner Überflutung weichen: Murmeltier auf Curciusa Alta.

Unterstützungsbeiträge

Diese erste Ausgabe konnte realisiert werden dank freundlicher Unterstützung von:
Monique Altmann, Benglen | Gallus Cadonau, Waltensburg/Zürich |
Christine Dellsperger, Bern | Gamil-Stiftung, Küsnacht ZH | Brigitte Gasche, Merligen |
Esther M. Kissling, Wallisellen | Elisabeth Kressig, Basel | Tarcisi Maissen, Trun |
Maja Oeri, Basel | Manfred Rehbinder, Zürich | Arlette Reich, zum Gedenken an Max
Reich, Wädenswil | Doris Schwarz, Zürich | Gemeinde Sumvitg | Fausto Tisato, Heiden |
Giacun Valaulta, Rueun/Märstetten | Gemeinde Vrin | Graubündner Kantonalbank, Chur |
Zuger Verkehrsstiftung Landis & Gyr, Zug | Nelly und Dr. Rudolf Gasser Stiftung, Chur |
Kulturförderung, Kanton Graubünden | Wissenschaftsbeitrag Bundesamt für Umwelt
(BAFU) | Stiftung zur Internationalen Erhaltung der Pflanzenvielfalt, Brunnen | Kanton Wallis